O NIEPOSIADANIU GŁOWY

ZEN I POWTÓRNE ODKRYCIE OCZYWISTEGO

Douglas E. Harding

The Shollond Trust

Poświęcony Virginia Parsell, Barbara Hopkinson i Gene Thursby.

Opublikowane przez The Shollond Trust
87B Cazenove Road
London N16 6BB
England

headexchange@gn.apc.org
www.headless.org

The Shollond Trust is a UK charity, reg. no 1059551

Po raz pierwszy opublikowana przez The Buddhist Society, 1961.

Copyright © The Shollond Trust 2021

Projekt i konwersja do ebook przez rangsgraphics.com

Tłumaczył: Dariusz Laskowski

Ilustracja na okładce przez Victor Lunn-Rockliffe

ISBN 978-1-908774-92-7

SPIS TREŚCI

1 PRAWDZIWE WIDZENIE   1
2 POSZUKIWANIE SENSU TEGO WIDZENIA   5
3 ODKRYCIE BUDDYZMU ZEN   25
4 AKTUALNE ZNACZENIE TEJ CAŁEJ HISTORII   44
(1) Bezgłowe Niemowlę   45
(2) Dziecko   46
(3) Obdarzony Głową Dorosły   47
(4) Bezgłowy Świadek   53
(5) Praktyka Bezgłowości   64
(6) Realizacja   73
(7) Bariera   92
(8) Przełom   95
Podsumowanie i końcowe wnioski   99
Słowo końcowe   103

Załóżmy, że nagle pojawiłby się tu jakiś człowiek i odciął ci głowę mieczem!
　　HUI-CHUNG

Pozbądź się głowy! Rozpuść całe ciało w Wizji, stań się widzeniem, widzeniem, widzeniem!
　　RUMI

Moja dusza została mi zabrana i moja głowa też, i nie mogłam nic na to poradzić.
　　Św. TERESA

Przykryj swą pierś nicością, a na głowę przywdziej szatę nieistnienia.
　　ATTAR

Oddaj się całkowicie ... Nawet jeśli trzeba będzie oddać głowę, po co nad nią płakać?
　　KABIR

Wgląd w Nicość – to jest prawdziwy wgląd, wiekuiste widzenie.
　　SHEN-HUI

1 PRAWDZIWE WIDZENIE

Najlepszym dniem mego życia – dniem mojego odrodzenia się, że tak powiem – jest dzień, w którym stwierdziłem, że nie mam głowy. Nie jest to błyskotliwa literacka sztuczka obliczona na wzbudzenie zainteresowania za wszelką cenę. Stwierdzam to z całą powagą – nie mam głowy.

Dokonałem tego odkrycia mając trzydzieści trzy lata. Choć z pewnością stało się to niespodzianie, było odpowiedzią na usilne dociekanie. Przez szereg miesięcy byłem pochłonięty pytaniem *"Czym jestem?"*. Fakt, iż zdarzyło mi się, że chodziłem wtedy po Himalajach, ma prawdopodobnie niewiele do rzeczy; choć mówi się, że w tym kraju niezwykłe stany umysłu przychodzą łatwiej. Cokolwiek było przyczyną tego przeżycia, jasny dzień i widok z grzbietu gdzie stałem, rozciągający się ponad mglisto niebieskimi dolinami aż do najwyższego na świecie łańcucha górskiego, uczynił to miejsce godnym najwspanialszych wizji.

Właściwie, to co się stało, było czymś absurdalnie prostym i nieszczególnym – po prostu na chwilę przestałem myśleć. Rozum, wyobraźnia i cała umysłowa gadanina osłabły. Ten jeden raz słowa naprawdę mnie zawiodły. Zapomniałem swojego imienia, zapomniałem o swojej ludzkiej naturze, o swojej fizyczności, o wszystkim, co mogłoby być nazwane mną lub moim. Przeszłość i przyszłość przygasły. Było to tak, jakbym urodził się w tym momencie, jakościowo nowy, pozbawiony umysłu, nieskażony żadnymi wspomnieniami. Istniało tylko Teraz – ta obecna chwila –

i to co zostało w niej jasno ukazane. Wystarczyło popatrzeć. Tym co zobaczyłem, były nogawki koloru khaki zakończone parą brązowych butów, rękawy koloru khaki zakończone parą różowych rąk i przód koszuli koloru khaki nie zakończony z góry absolutnie niczym – z pewnością nie głową.

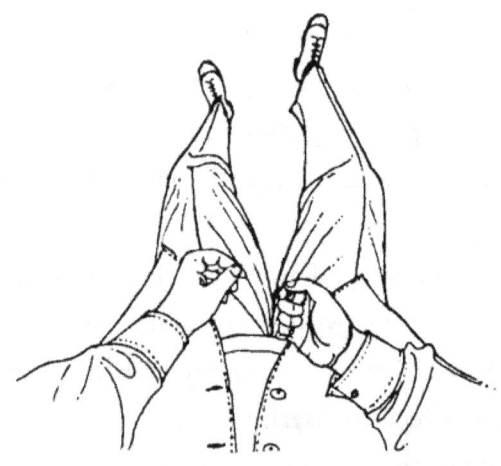

Zauważyłem natychmiast, że to nic, ta dziura w miejscu, gdzie powinna być głowa, nie jest zwykłą pustką, zwyczajnym nic. Przeciwnie, była ona jak najbardziej zajęta. Była to przestronna pustka w znacznym stopniu wypełniona – nic, które znalazło w sobie miejsce dla wszystkiego – miejsce dla trawy, drzew, odległych zacienionych wzgórz i daleko ponad nimi śnieżnych szczytów podobnych rzędowi kanciastych chmur sunących po niebie. Straciłem głowę a zyskałem świat.

Było to wszystko, całkiem dosłownie, zapierające dech w piersiach. Wydawało się, że w ogóle przestałem oddychać zatopiony w tym, co

1 Prawdziwe Widzenie

zostało mi dane. Oto co zobaczyłem: przepiękna scena świecąca jasno w czystym powietrzu, samotna, nie oparta na niczym, tajemniczo podtrzymywana w tej pustce i (to było prawdziwym cudem, zdziwieniem i zachwytem) całkowicie wolna ode mnie, nieskażona przez żadnego obserwatora. Cała jej obecność była moją całkowitą nieobecnością, cielesną i duchową. Lżejszy niż powietrze, czyściejszy niż szkło, całkowicie uwolniony od siebie samego nie znajdowałem się nigdzie wokół.

Lecz mimo magicznych i tajemniczych własności tego widzenia nie był to sen, ani ezoteryczne objawienie. Całkiem odwrotnie, sprawiało to wrażenie nagłego przebudzenia ze snu zwykłego życia, końca sennych marzeń. Była to świetlista rzeczywistość, ten jeden raz, wytarta do czysta z wszystko zaciemniającego umysłu. *Było to objawienie, po długim czasie, czegoś doskonale oczywistego.* Był to jaśniejący moment w pogmatwanej historii życia. Był to koniec ignorowania tego, na zobaczenie czego (od wczesnego dzieciństwa w każdym razie) albo zawsze nie miałem czasu, albo byłem zbyt mądry, albo zbyt przestraszony, aby to dostrzec. Była to naga nie oceniająca uwaga skierowana na to, co cały czas zaglądało mi w twarz – mój całkowity brak twarzy. Krótko mówiąc, wszystko to było doskonale proste, zwyczajne i jasne; pozostające poza dyskusją, myślą i słowami. Nie było żadnych pytań; niczego, co miałoby związek z czymkolwiek poza tym doświadczeniem – jedynie spokój i cicha radość, i poczucie porzucenia nieznośnego ciężaru.

✷✷✷✷✷✷

Wyobrażenie, że człowiek ma ciało odrębne od swojej duszy należy wykreślić. Zrobię to poprzez... usunięcie tego, co było widoczne na powierzchni i ukazanie tego, co nieskończone, które było ukryte.

BLAKE

– Myślę, że pójdę się z nią spotkać – powiedziała Alicja. – Nie możesz tego zrobić tak po prostu – powiedziała Róża. – Radzę ci iść w druga stronę. To zabrzmiało nonsensownie dla Alicji, więc nic nie powiedziała, ale wyruszyła od razu w kierunku Czerwonej Królowej. Ku jej zaskoczeniu, straciła ja z oczu w jednej chwili.

„O TYM, CO ALICJA UJRZAŁA PO DRUGIEJ STRONIE LUSTRA"

Jeśli o urodę idzie, żadna ze mnie gwiazda
Są inni przystojniejsi o niebo,
Ale twarz ma – nie dbam o nią wcale
Bowiem jestem za nią.
To ludzie naprzeciwko musza wypić to piwo.

Przypisywane WOODROW'owi WILSON'owi

2 POSZUKIWANIE SENSU TEGO WIDZENIA

Kiedy zaczęło słabnąć pierwsze wrażenie wywołane moim himalajskim odkryciem zacząłem je sobie opisywać w poniższy sposób.

W jakiś niejasny sposób myślałem wcześniej o sobie jako o kimś zamieszkującym ten dom, którym jest moje ciało, i patrzącym na świat poprzez te dwa okrągłe okienka. Teraz stwierdzam, że wcale tak nie jest. Gdy wpatruję się w dal, cóż tam takiego ma mi powiedzieć ile mam tu oczu – dwoje, troje, sto czy żadnego? Faktycznie, tylko jedno okno jawi się po *tej* stronie mojej fasady i jest ono szeroko otwarte, bezgraniczne i ogromne, i nie ma nikogo kto by przez nie patrzył. Zawsze to ktoś inny posiada oczy i twarz, której są częścią, nigdy ten.

Istnieją zatem dwa rodzaje, dwa zupełnie różne gatunki istot ludzkich. Pierwszy, którego niezliczoną liczbę przedstawicieli obserwuję, bezsprzecznie nosi głowę na swych ramionach (a przez "głowę" rozumiem tu nieprzezroczystą, kolorową, włochatą ośmiocalową kulę z różnymi otworami) podczas gdy ten drugi rodzaj, którego jedynie jednego przedstawiciela zauważam, ewidentnie nie nosi nic takiego na swych ramionach. I aż do tej chwili nie zauważałem tej znaczącej różnicy! Ofiara przedłużającego się napadu szaleństwa, trwającej przez całe życie halucynacji (przez "halucynację" rozumiem tu to, co mój słownik definiuje jako: pozorne postrzeganie obiektu, który nie istnieje), widziałem siebie niezmiennie takim jak innych ludzi, a z pewnością nigdy nie jako kogoś skróconego o głowę lecz jak najbardziej żywą dwunożną istotę. Byłem ślepy na to, co jest zawsze

O Nieposiadaniu Głowy

obecne i bez czego tak naprawdę jestem ślepy – na ten cudowny substytut głowy, tą pozbawioną więzów przejrzystość, tę świetlistą i absolutnie czystą pustkę, która jest – raczej niż zawiera – wszystkim, co jest do zaofiarowania. Choć, jakkolwiek uważnie to zgłębiam, nie udaje mi się znaleźć tutaj choćby czegoś takiego jak pusty ekran na którym owe góry, słońce i niebo się ukazują, czy czystego zwierciadła w którym się odbijają, czy też przezroczystych soczewek lub otworu przez który są widziane – a jeszcze mniej osoby, której się prezentują, czy widza (jakkolwiek mglistego), którego można by odróżnić od tego, co jest widziane. Nic tego nie zakłóca, nawet ta kłopotliwa i nieuchwytna przeszkoda zwana "odległością". Wyraźnie bezgraniczne niebieskie niebo, obrzeżona różem biel śniegu, żywa zieleń trawy – jakże mogą być odległe, jeśli nie ma niczego od czego mogłyby być odległe? Ta bezgłowa pustka tutaj nie daje się ująć żadnym definicjom, nie można jej umiejscowić; nie jest okrągła, mała czy duża, nie jest nawet tutaj w odróżnieniu od tam. (A nawet gdyby była tu głowa od której można by mierzyć, miara rozciągająca się od niej do tamtego górskiego szczytu, odczytywana pod kątem prostym – a nie ma dla mnie innego sposobu na jej odczytanie – zredukowałaby się do punktu, do niczego.) Faktycznie, te kolorowe kształty prezentują się w całej swej prostocie, bez takich skomplikowanych pojęć jak blisko czy daleko, to czy tamto, moje czy nie moje, widzianeprzezemnie, czy po prostu dane. Całe rozdwojenie – dwoistość podmiotu i przedmiotu – zniknęła i już więcej nie jest przypisywana sytuacji, która nie ma dla niej miejsca.

Takie myśli nasuwały się po tym widzeniu. Jednakże próbować

2 Poszukiwanie Sensu Tego Widzenia

opisać bezpośrednie doświadczenie takimi czy innymi słowy, to przedstawiać je fałszywie, komplikując to, co samo w sobie jest prostotą; istotnie, im dłużej ciągnie się sekcja zwłok, tym bardziej oddalamy się od żywego oryginału. W najlepszym razie, te opisy mogą przypominać o tej wizji (bez jasnego jej uświadamiania) albo zapraszać ją do powtórzenia się; nie mogą jednak nieść ze sobą więcej jej istotnego znaczenia, czy zapewnienia, że pojawi się znów, niż najbardziej apetyczne menu może smakować jak obiad, czy najlepsza książka na temat humoru uczyć rozumienia dowcipów. Z drugiej strony, niemożliwym jest zatrzymać myślenie przez dłuższy czas i pewne usiłowania powiązania świetlistych przerw w czyimś życiu z jego pogmatwaną podstawą są nieuniknione. Może to również pośrednio zachęcić do powtórnego pojawienia się jasności.

W każdym razie, jest szereg zdroworozsądkowych wątpliwości, które nie dadzą się już dłużej zbywać milczeniem, pytań, które wymagają rozsądnych odpowiedzi nawet jeśli o niczym nie rozstrzygają. Staje się konieczne "uprawomocnienie" czyjejś wizji, choćby wobec siebie; również przyjaciele mogą potrzebować rozproszenia wątpliwości. W pewnym sensie ta próba oswojenia jest absurdem, ponieważ nie można argumentować za czy przeciw doświadczeniu tak prostemu, jak słyszenie środkowego C, czy smakowaniu dżemu truskawkowego. Z powodu innych racji, jednakże, ta próba musi zostać podjęta, jeśli czyjeś życie nie ma się rozpaść na dwa zupełnie sobie obce, zamknięte ideowo przedziały.

******

Moją pierwszą wątpliwością było: mojej głowy może nie ma, ale nie jej nosa. Oto jest, widocznie poprzedzający mnie, gdziekolwiek pójdę. A moja odpowiedź była następująca: jeśli ta niewyraźna różowawa, w dodatku doskonale przezroczysta chmurka zawieszona po mojej prawej stronie, i ta druga podobna chmurka zawieszona po lewej są nosami, to mam je dwa, nie jeden; a ta zupełnie nieprzezroczysta wypukłość, którą łatwo mogę zauważyć po środku twojej twarzy, to nie nos. Tylko beznadziejnie nieuczciwy lub zdezorientowany obserwator mógłby specjalnie użyć tej samej nazwy do nazwania tak zupełnie różnych rzeczy. Wolę jednak być w zgodzie ze swoim słownikiem i powszechnym użyciem tego słowa, co zmusza mnie do stwierdzenia, że podczas gdy wszystkie ludzkie istoty mają po jednym nosie, ja nie mam żadnego.

Niemniej jednak, jeśli jakiś sprowadzony na niewłaściwą drogę sceptyk, zbyt przestraszony, aby wyłożyć swój punkt widzenia, uderzyłby w tym kierunku celując pomiędzy te dwie różowe chmurki, rezultat byłby oczywiście równie nieprzyjemny, jak gdybym posiadał solidny, gotowy na ciosy nos. Z kolei, co z tym kompleksem subtelnych napięć, ruchów, swędzenia, łaskotek, bólu, ciepła i pulsowania, które nigdy zupełnie nie opuszczają tego centralnego rejonu? Ponad wszystko jednak, co z tymi wrażeniami dotyku, które powstają kiedy badam to miejsce swoją dłonią? Czy rzeczywiście jednak te wrażenia łącząc się tworzą niezbity dowód na istnienie mojej głowy tu i teraz?

Stwierdzam, że nie czynią niczego takiego. Nie ma wątpliwości, że wielka różnorodność wrażeń zwyczajnie się tu pojawia i nie

2 Poszukiwanie Sensu Tego Widzenia

może być niezauważona, ale nie tworzą one głowy, czy czegoś podobnego. Jedynym sposobem na to, aby zrobić z nich głowę byłoby dorzucenie różnego rodzaju składników, których wyraźnie tu brak – w szczególności wszystkich tych trójwymiarowych kształtów. Cóż to jednak jest za głowa? Choć zawierająca niezliczone wrażenia, zauważa się brak oczu, uszu, włosów, i tąk naprawdę, tego całego wyposażenia które obserwuje się u innych głów? Jest faktem oczywistym, że to miejsce jest utrzymywane wolnym od tych wszystkich przeszkód, od najmniejszego zamglenia czy zabarwień, które mogłyby przyćmiewać mój świat.

W każdym razie, kiedy zaczynam po omacku szukać mojej zagubionej głowy, to zamiast znaleźć ją tutaj, tracę również moją poszukującą dłoń; ona też zostaje pochłonięta przez tą otchłań, która znajduje się w centrum mojej istoty. Najwidoczniej ta ziewająca jaskinia, ta pusta podstawa wszystkich moich czynów, ten najbliższy, ale faktycznie nieznany region, to magiczne miejsce, gdzie jak myślałem była moja głowa, jest rzeczywiście bardziej podobne do pokazującego drogę ogniska, tak gwałtownego, że wszystkie rzeczy, które się do niego zbliżają są natychmiast i całkowicie przezeń pochłaniane, aby jego oświecająca świat jasność i czystość nigdy, ani na moment, nie była przyćmiona. A jeśli idzie o te czające się wrażenia bólu, łaskotki itd., nie mogą one bardziej tłumić czy zacieniać tej centralnej jasności niż te góry, chmury i niebo. Wręcz przeciwnie wszystkie one istnieją w jej świetle a ona świeci poprzez nie. Obecne doświadczenie, jakikolwiek jest jego sens, pojawia się tylko w pustej, nieobecnej głowie. A ponieważ tu i teraz mój świat i moja głowa

O Nieposiadaniu Głowy

są rzeczami nie do pogodzenia, nie pomieszają się ze sobą. Nie ma miejsca dla obojga na raz na tych ramionach, i na szczęście to moja głowa z całą jej anatomią jest tym, które musi odejść. Nie jest to kwestia dyskusji, filozoficznej przenikliwości, czy wprowadzania się w jakiś szczególny stan umysłu, ale prostego dostrzeżenia – WIDZENIA-TEGO-KTO-TU-JEST zamiast WYOBRAŻANIA-SOBIE-TEGO-KTO-TU-JEST, zamiast PRZEJMOWANIA-POGLĄDU INNYCH- LUDZI-NA-TO-KTO-TU-JEST. Jeśli nie udaje mi się zauważyć czym jestem (a szczególnie czym nie jestem), to dlatego, że jestem zbyt pochłonięty wyobrażeniami, zbyt "uduchowiony", zbyt dorosły i wszystkowiedzący, zbyt łatwowierny, zbyt onieśmielony przez społeczeństwo i język, zbyt przestraszony tym, co oczywiste, żeby przyjąć tę sytuację taką jaką ona jest w tej chwili. Tylko ja jestem w sytuacji kogoś, kto może zdawać relację z tego, co tu jest. To czego potrzebuję, to rodzaj uważnej naiwności. Potrzeba niewinnego oka i pustej głowy (nie wspominając o dzielnym sercu), żeby przyznać się do swojej doskonałej pustki.

******

Prawdopodobnie jest tylko jeden sposób nawrócenia sceptyka, który wciąż twierdzi, że mam głowę w tym miejscu – zaproszenie go, żeby tu przyszedł i sam zobaczył. Musi być jednak uczciwym reporterem opisującym tylko to, co widzi, nic poza tym.

Zaczynając z odległego końca pokoju widzi mnie jako pełnowymiarowego człowieka-zgłową w całej okazałości. Lecz gdy podchodzi bliżej zauważa połowę sylwetki, potem głowę, rozmazany policzek albo oko czy nos, potem już tylko samo zamazanie i w końcu (w punkcie kontaktu) nic w ogóle. Jeśli zdarzy się, że będzie wyposażony w konieczne instrumenty naukowe stwierdzi, że to zamazanie rozkłada się na tkanki, grupy komórek, pojedyncze komórki, jądra komórkowe, gigantyczne cząsteczki i tak dalej, aż dojdzie do miejsca, gdzie nie ma już nic do zobaczenia, do przestrzeni, która jest wolna od stałych czy materialnych rzeczy. W każdym razie, obserwator, który przychodzi tu, żeby zobaczyć jak tu naprawdę jest, znajduje tu to co ja – pustkę. I gdyby, odkrywszy i podzieliwszy mój niebyt odwróciłby się (patrząc ze mną na zewnątrz zamiast patrzeć na mnie) mógłby zobaczyć to co ja widzę, że pustka wypełniona jest po brzegi tą sceną. Znalazłby również ten centralny Punkt eksplodujący do Nieskończonego Rozmiaru, Nic zmieniające się we Wszystko, Tutaj we Wszędzie.

A jeśli mój sceptyczny obserwator wciąż niedowierza swoim zmysłom, może do badania użyć kamery – urządzenia, które nie mając pamięci ani oczekiwań rejestruje tylko to, co znajduje się na miejscu w której się znajdzie. Nagrywa ona takie same obrazy mojej osoby. Tam z daleka, rejestruje człowieka; w połowie drogi – jego części; tu – ani człowieka ani niczego w ogóle; wycelowana w przeciwną stronę – jego świat.

******

Zatem *ta* głowa nie jest żadną głową, tylko niedorzecznym poglądem; jeśli ją wciąż tu widzę, mam zwidy i powinienem pospieszyć do lekarza. Nie ma większego znaczenia czy widzę tu moją głowę, głowę Napoleona czy Maryi Dziewicy, smażone jajko albo piękny bukiet kwiatów: posiadanie w tym miejscu czegokolwiek jest oznaką choroby urojeniowej.

Podczas moich świetlistych chwil jestem tu wyraźnie bezgłowy. Tam, z kolei, daleki jestem od jej utraty: istotnie mam więcej głów niż pomysłów na to co z nimi robić. Ukryte w ludziach, którzy mnie obserwują, w aparatach fotograficznych, wystawione w ramkach obrazków, krzywiące się w lustrach podczas golenia, spozierające z klamek, łyżek, dzbanków do kawy i innych polerowanych rzeczy, moje głowy są wszędzie skierowane ku górze, choć mniej lub bardziej skurczone i zniekształcone, skręcone tyłem do przodu, często skierowane niewłaściwą stroną do góry i rozmnożone do nieskończoności.

2 Poszukiwanie Sensu Tego Widzenia

Ale jest jedno miejsce, gdzie żadna z moich głów sterczeć nie może – tu na moich ramionach, gdzie zamazywałaby tę Centralną Pustkę, która jest moim prawdziwym źródłem życia. Na szczęście, nic nie jest w stanie tego zrobić. Faktycznie, te luźne głowy nie mogą znaczyć więcej niż inne zmienne zjawiska „zewnętrznego" świata, który choć nierozdzielny z tą Centralną Istotą nie udaje mu się nań wpływać w najmniejszym choćby stopniu. Moja głowa w lustrze jest czymś tak nieszczególnym, że niekoniecznie biorę ją za swoją. Jako małe dziecko nie rozpoznawałem się w lustrze i teraz też mi się to zdarza, kiedy na moment odzyskuję moją utraconą niewinność. W momentach normalności widzę tam mężczyznę, dobrze znanego faceta, który żyje w łazience po drugiej stronie lustra i najwyraźniej spędza cały swój czas na gapieniu się na tę łazienkę – ten mały, nieciekawy, ograniczony powłoką fizyczną, złożony z różnych części, starzejący się i tak podatny na zranienia obserwator – całkowite przeciwieństwo mojej prawdziwej Jaźni tutaj. Nigdy nie byłem niczym innym tylko tą bezczasową, niezmierzoną, jasną i nieskalaną Pustką. To nie do pomyślenia, jak mogłem kiedykolwiek mylić to gapiące się z stamtąd widmo z tym co tak jasno postrzegam tu, teraz i zawsze.

******

Wszystko to, jakkolwiek dane w jasny sposób w bezpośrednim doświadczeniu, prezentuje się jednakże szalenie paradoksalnie, przeczy zdrowemu rozsądkowi. Jest również afrontem dla nauki, która, jak się to mówi, jest jedynie nieco uporządkowanym zdrowym rozsądkiem. W każdym razie, naukowiec ma swoją własną wersję tego w jaki sposób postrzegam pewne rzeczy (takie jak twoja głowa), lecz nie wyjaśnia jak widzę inne (takie jak moja) i oczywiście jego teoria ma swoją użyteczność. Pytanie jednak, czy jest on w stanie włożyć mi głowę z powrotem na ramiona, gdzie, jak mówią ludzie, jest jej właściwe miejsce?

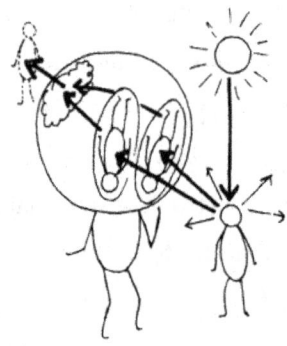

W największym skrócie i uproszczeniu jego wersja tego jak to się dzieje, że cię widzę wygląda tak. Światło opuszcza słońce, i osiem minut później dociera do twojego ciała, które pochłania jego część. Reszta odbija się we wszystkich kierunkach, z czego część dociera do moich oczu, przechodzi przez soczewki i tworzy odwrócony obraz twojej osoby na ekranie w tylnej stronie mojej gałki ocznej. Ten obraz wywołuje chemiczne zmiany w światłoczułej substancji, która się tam znajduje, a te zmiany pobudzają komórki (są one malutkimi żywymi istotami) z których ten ekran jest zbudowany. Przekazują one swoje pobudzenie innym, bardzo wydłużonym komórką, a

2 Poszukiwanie Sensu Tego Widzenia

te z kolei komórkom znajdującym się w pewnym rejonie mojego mózgu. I dopiero wtedy, gdy osiągnięta jest ta stacja końcowa, i molekuły, atomy i cząsteczki tych komórek są pobudzone, widzę ciebie i inne rzeczy. I to samo dotyczy pozostałych zmysłów; nie mogę, ani słyszeć, ani czuć smaku, zapachu czy czegokolwiek innego, dopóki, po dramatycznych przemianach opóźnieniach, nie przybędą do tego centrum zbiegające się z różnych stron pobudzenia. Nie gdzie indziej tylko na tej stacji końcowej, w momencie i miejscu wszystkich przyjazdów na Wielki Centralny Dworzec mojego Tu-i-Teraz, ten cały system ruchu ulicznego – jak nazywam swój świat – powoływany jest do życia. Dla mnie jest to właśnie czas i miejsce tworzenia wszystkiego. Jest w tej suchej naukowej wersji wiele dziwnych, dalekich od zdrowego rozsądku rzeczy. A najdziwniejsze jest to, że wnioski z niej wyciągane przeczą całej reszcie. Dzieje się tak dlatego, że według niej wszystko co mogę poznać to to, co dzieje się tu i teraz, na tej mózgowej stacji końcowej, gdzie następuje cudowne stworzenie mojego świata. Nie mam sposobu, aby dowiedzieć się, co dzieje się gdziekolwiek indziej – w innych regionach mojej głowy, w moich oczach, w świecie zewnętrznym – jeśli rzeczywiście istnieje jakieś gdzie indziej, jakiś zewnętrzny świat. Prawdą jest, że myśl iż moje i twoje ciało, cokolwiek innego na Ziemi, sam Wszechświat mogłyby istnieć na zewnątrz, same w sobie, w swojej własnej przestrzeni, niezależnie ode mnie to zwyczajna fikcja nie warta chwili uwagi. Nie ma i nie może być żadnego dowodu na istnienie dwóch równoległych światów (nieznanego czy fizycznego świata gdzieś tam i znanego wewnętrznego czy umysłowego świata tu, który go w

O Nieposiadaniu Głowy

cudowny sposób powiela) są zaś na istnienie tego, który mam zawsze przed sobą i w którym nie znajduję żadnego podziału na umysł i materię, wewnątrz i zewnątrz, duszę i ciało. Obserwowane jest to co jest, ni mniej ni więcej, a jest to eksplozja tego centrum – miejsce, gdzie jest ta stacja końcowa, gdzie powinno być moje „ja" i „moja świadomość" – eksplozja wystarczająco silna, aby wypełnić i stać się tą bezgraniczną sceną, która jest teraz przede mną, która *jest* mną. Krótko mówiąc, wersja naukowca na temat postrzegania, daleka od zaprzeczenia mojej naiwnej wersji, jedynie ją potwierdza. Tymczasowo i zgodnie ze zdrowym rozsądkiem umieścił on głowę na moich ramionach, ale wkrótce została ona ścięta przez świat. Zdrowy rozsądek czy też paradoksalna koncepcja mnie samego jako „zwykłego człowieka z głową" nie sprawdza się. Jak tylko badam to z odrobiną uwagi okazuje się pozbawiona sensu.

******

A mimo tego (mówię sobie) wydaje się dostatecznie dobra do codziennych praktycznych celów. Zachowuję się dokładnie tak, jak gdyby rzeczywiście twarda ośmiocalowa kula zawieszona była tutaj, zainstalowana w środku mojego świata. I jestem skłonny dodać, że w tym obojętnym i twardogłowym świecie, który wszyscy zamieszkujemy, nie można uniknąć manifestacji tego absurdu. Jest to z pewnością fikcja, tak jednak wygodna, że mogłaby równie dobrze być szczerą prawdą.

Faktycznie zawsze jest kłamstwem, czasami uciążliwym, może nawet spowodować utratę czyichś pieniędzy. Rozważmy, dla przykładu, speca od reklamy, którego nikt nie mógłby oskarżyć o fanatyczne poświęcenie się prawdzie. Jego zadaniem jest przekonywanie mnie, a jednym z najbardziej skutecznych sposobów aby tego dokonać jest pokazanie mnie na ekranie takim jakim jestem. Musi zatem usunąć z niego moją głowę.

Zamiast pokazywać człowieka *innego rodzaju* – tego z głową – unoszącego szklankę, czy papierosa do ust, pokazuje istotę *mojego rodzaju*, która to robi: prawa ręka (trzymana dokładnie pod właściwym kątem w prawym dolnym rogu, mniej lub bardziej pozbawiona ramienia) unosząca szklankę lub papierosa do tych nie-ust, tej otwartej pustki. Ten facet nie jest obcy, to ja takim jakim jestem dla samego siebie. Prawie nieuchronnie jestem zaangażowany. Nic dziwnego, że te kawałki ciała pojawiające się u dołu obrazka, pozbawione są kontrolującego je mechanizmu łączącej się z nimi głowy – nic dziwnego, że wyglądają dla mnie zupełnie naturalnie – nigdy nie miałem innych! A realizm człowieka od reklamy, jego praktyczna wiedza o tym jaki naprawdę jestem nie oparta na zdrowym rozsądku w sposób oczywisty się opłaca: kiedy odchodzi moja głowa mój opór przed kupowaniem jest skłonny podążyć za nią. (Są jednakże pewne ograniczenia: nieprawdopodobnym jest, na przykład, żeby pokazał różową chmurkę tuż nad szklanką czy papierosem, gdyż, tak czy inaczej, ja dostarczam tej dozy realizmu. Nie byłoby sensu w dawaniu mi dodatkowego przezroczystego nosa-cienia.)

Reżyserzy filmowi, również są praktycznymi ludźmi, o wiele bardziej zainteresowani prezentacją czyjegoś doświadczenia niż odkrywaniem natury doświadczającego, choć faktycznie jedno pociąga za sobą trochę drugiego. Z pewnością ci eksperci są w pełni świadomi tego (na przykład) jak słaba jest moja reakcja na widok pojazdu prowadzonego przez kogoś innego w porównaniu z tą, którą wywołuje widok pojazdu prowadzonego przeze mnie samego. W pierwszym przypadku jestem tylko widzem na chodniku, obserwującym dwa podobne samochody szybko zbliżające się do siebie, zderzające się, zabijające kierowców, stające w płomieniach – i jestem lekko tym zainteresowany. W drugim, ja jestem jednym z kierowców – bezgłowym oczywiście, jak wszyscy kierowcy w pierwszej osobie, a mój samochód (jak niewiele go widać) jest nieruchomy. Oto moje kołyszące się kolana, moja stopa mocno oparta na pedale przyspieszenia, moje ręce zmagające się z kierownicą, maska samochodu opadająca do przodu, kołysząca się antena, droga wijąca się w różne strony; i ten drugi samochód, niewielki z początku, stopniowo coraz większy, jadący wprost na mnie, a potem trzask,

2 Poszukiwanie Sensu Tego Widzenia

potężny błysk światła i pusta cisza. Opadam na powrót na fotel i odzyskuję oddech. Właśnie wzięto mnie na przejażdżkę.

Jak sfilmowano te sekwencje z pozycji pierwszej osoby? Są możliwe dwa sposoby: albo filmowana jest bezgłowa kukła z kamerą w miejscu głowy, albo żywy człowiek trzymający głowę przechyloną do tyłu, albo na bok, żeby zrobić miejsce dla kamery. Innymi słowy, ażebym identyfikował się z aktorem jego głowa usuwana jest z drogi – musi on być człowiekiem mojego rodzaju. Jako że obraz mniemającego-głowę nie jest wcale moją podobizną, jest portretem kogoś innego, przypadkiem chybionego podobieństwa. To osobliwe, żeby ktokolwiek miał chodzić do człowieka od reklamy po wgląd w najgłębsze (i najprostsze) prawdy o sobie; dziwne również, że skomplikowane nowoczesne wynalazki takie, jak kino miałyby pomagać pozbyć się iluzji, od których bardzo małe dzieci i zwierzęta są wolne. Ale i w innych wiekach istniały równie dziwne wskazówki prowadzące do tego wszystkiego-nazbyt-oczywistego, a nasza ludzka zdolność do samooszukiwania się nigdy się zupełnie nie wyczerpała.

Pełna, choć niejasna świadomość naszego ludzkiego położenia może z łatwością wyjaśnić popularność wielu starych kultów i legend o głowach bez ciał, latających głowach, jednookich albo bezgłowych potworach i zjawach, o ludzkich ciałach z nieludzkimi głowami i o męczennikach, którzy przemierzali mile po tym jak obcięto im głowy – fantastyczne obrazy, bez wątpienia, lecz lepiej niż zdrowy rozsądek przedstawiają tego człowieka, pierwszej osoby liczby pojedynczej, czasu teraźniejszego.

✳✳✳✳✳✳

O Nieposiadaniu Głowy

Moje himalajskie doświadczenie nie było zatem jedynie poetycką fantazją, czy ulotnym mistycznym wzlotem. Pod każdym względem okazało się być trzeźwym realizmem. I stopniowo, w ciągu miesięcy i lat, które przyszły po nim, rozświetlały się przede mną jego przekształcające życie konsekwencje, pełny zakres jego praktycznych znaczeń i zastosowań. Na przykład, stwierdziłem, że z dwóch względów ta wizja musi zmienić mój stosunek do innych ludzi, a właściwie do wszystkich istot. Po pierwsze, dlatego, że znosi konfrontację. Kiedy cię spotykam, istnieje dla mnie tylko jedna twarz – twoja – i nigdy nie mogę stanąć z tobą twarzą w twarz. Faktycznie my wymieniamy się twarzami, i jest to najbardziej drogocenna i intymna wymiana powierzchowności. Po drugie, dlatego, że daje mi doskonały wgląd w Rzeczywistość, która kryje się za twoją powierzchownością, wgląd w ciebie jakim jesteś dla siebie, mam wszelkie powody aby myśleć, że jesteś całym światem. Jako, że muszę wierzyć, iż to co jest prawdziwe dla mnie, jest prawdziwe dla każdego, że wszyscy mamy tę samą naturę – zredukowani do bezgłowej pustki, do niczego, tak, że możemy zawrzeć w sobie i stać się wszystkim. Ta mała, masywnie wyglądająca osoba, którą mijam na ulicy – ona właśnie jest zjawą, która nie wytrzymuje bliższego badania, mocno zamaskowane chodzące przeciwieństwo *rzeczywistej*, której zasięg i zawartość są nieskończone; i mój szacunek dla tej osoby, tak jak dla każdej żyjącej istoty powinien być również nieskończony. Nie można przecenić jej wartości i okazałości. Teraz wiem dokładnie kim ona jest i jak ją traktować.

2 Poszukiwanie Sensu Tego Widzenia

Faktycznie on (lub ona) jest mną. Póki mieliśmy każdy po głowie, w oczywisty sposób byliśmy dwiema osobami. Ale teraz jesteśmy bezgłowymi pustkami, co może nas dzielić? Nie znajduję żadnej skorupy otaczającej tę pustkę, którą jestem, żadnego kształtu czy ograniczeń: nie przeszkadza to więc łączyć się z innymi pustkami. Ze względu na to połączenie jestem doskonałym okazem swojego gatunku. Nie wątpię w słowa naukowca, który mówi, że z jego punktu widzenia mam jasno określoną głowę składającą się z ogromnej hierarchii jasno określonych ciał, takich jak organy, komórki czy molekuły – niewyczerpanie złożonego świata fizycznych ciał i procesów. Ale zdarzyło się, że znam (czy raczej jestem) tą wewnętrzną wersją tego świata i każdego z jego mieszkańców, a ona całkowicie przeczy tej wersji zewnętrznej. W tym miejscu stwierdzam, że każdy członek tej ogromnej społeczności, od najmniejszej cząsteczki po moją głowę, zniknął jak ciemność w świetle słońca. Nikt z zewnątrz nie jest kompetentny, żeby mówić w ich imieniu; tylko ja jestem w stanie to zrobić, i przysięgam, wszyscy oni są przejrzyści, prości, puści, i są jednym bez śladu podziału.

Jeśli jest to prawdą w odniesieniu do mojej głowy, jest równie prawdziwe w stosunku do wszystkiego co uważam za będące „moim" i „tutaj" – w skrócie, w odniesieniu do tego całego ciała–umysłu. Jak naprawdę wygląda (pytam siebie) to miejsce w którym teraz jestem? Czy jestem zamknięty w tym, co Marek Aureliusz zwał workiem krwi i zepsucia (i co można nazwać chodzącym zoo, miastem komórek czy fabryką chemiczną albo chmurą komórek), czy jestem na zewnątrz tego? Czy spędzam swoje życie osadzony wewnątrz masywnego

O Nieposiadaniu Głowy

człekokształtnego bloku (około sześć stóp na dwie na jedną), czy poza nim, albo może wewnątrz niego i na zewnątrz. Faktem jest, że rzeczy wcale się tak nie mają. Nie ma tu żadnych murów, żadnego wewnątrz i na zewnątrz, przestrzeni czy jej braku, żadnego miejsca, gdzie można by się ukryć czy schronić; nie widzę tu żadnego domu, w którym można by żyć lub który mógłby być przede mną zamknięty, ani cala gruntu, na którym mógłby być zbudowany. Lecz ta bezdomność doskonale mi odpowiada – pustka nie potrzebuje mieszkania. W skrócie, ten fizyczny zbiór rzeczy, z wyglądu tak solidny zwłaszcza z daleka rozpuszcza się zawsze bez śladu przy naprawdę wnikliwym badaniu.

I stwierdzam, że jest to prawdziwe nie tylko w odniesieniu do mojego ludzkiego ciała, ale w stosunku do całego mojego Ciała – całego wszechświata. (Nawet dla zewnętrznego obserwatora rozróżnienie między tymi wcieleniami jest sztuczne; to małe ciało jest tak funkcjonalnie połączone ze wszystkimi innymi rzeczami, tak zależne do swojego środowiska, że jest nie do pomyślenia jego istnienie samo w sobie. Faktycznie żadna istota nie może przeżyć choćby chwili, z wyjątkiem tego jednego Ciała, które jest tam samo, samo siebie zawierające, niezależne i dzięki temu naprawdę żywe.) Z jak wielką częścią tego wielkiego ciała się utożsamiam, zależy od sytuacji, ale po omacku biorę tyle ile mi potrzeba. W ten sposób mogę z doskonałą łatwością identyfikować się na przemian z moją głową, moim ludzkim ciałem, moją rodziną, moim krajem, moją planetą i systemem słonecznym (kiedy wyobrażę je sobie zagrożone przez innych) i tak dalej bez napotykania żadnych ograniczeń czy

2 Poszukiwanie Sensu Tego Widzenia

barier. A jakkolwiek wielkie czy małe jest moje czasowe wcielenie – ta część świata, którą nazywam moją i biorę do siebie, za którą myślę i czuję, którą wybieram sobie za oparcie, której punkt widzenia przyswoiłem, w czyjej skórze się postawię – niezmiennie okazuje się pustką, niczym samym w sobie. Rzeczywistość stanowiąca podstawę wszystkich przejawionych rzeczy jest przezroczysta, otwarta i całkowicie dostępna. Znam drogę do i z tajemniczej głębi serca każdej istoty, bez względu na to jak odległa czy odpychająca może wydawać się postronnej osobie, ponieważ wszyscy jesteśmy jednym Ciałem, a Ciało to jest Pustką.

A tamta Pustka jest *tą* pustką, zupełną i niepodzielną, nie dzieloną z nikim czy rozbitą na moje, twoje i ich, ale wszystko to razem obecne tu i teraz. Właśnie to miejsce, to moje stanowisko obserwacyjne, ta szczególna dziura, gdzie powinna była być głowa – *to* Podstawa i Naczynie pełne wszelkiego istnienia, jedno Źródło wszystkiego, co się pojawia (jako wyświetlane „gdzieś tam") jako fizyczny zjawiskowy świat, to jedyne Łono z którego zrodzone są wszystkie istoty i do którego one wszystkie powracają. Nie jest to absolutnie Niczym, a jednocześnie jest wszystkimi rzeczami; jedyną Rzeczywistością, a jednocześnie niebytem. To moja Jaźń. Nie istnieje nic innego. Jestem każdym i nikim, i jednym bez drugiego.

✴✴✴✴✴✴

Dusza nie ma już więcej świadomości ciała, nie nadaje sobie żadnych obcych nazw, nie nazywa się człowiekiem, ani żywą istotą, ani czymkolwiek innym.

PLOTINUS

Po tym, jak ciało zostało odrzucone na pewną odległość jak martwe, Mędrzec już nigdy się do niego nie przywiązuje.

SANKARA

Kiedy otwiera się oczy i szuka swego ciała, już nigdy nie można go znaleźć. To zwie się: W pustej kaplicy rozświetla się. Wewnątrz i na zewnątrz jest jednakowo jasno. Jest to bardzo dobry znak.

SEKRET ZŁOTEGO KWIATU

Ślubuję osiągnąć doskonałe zrozumienie tego, że to iluzoryczne ciało jest jak rosa i błyskawica.

MISTRZ ZEN HSUN YUN (na łożu śmierci w 1959)

3 ODKRYCIE BUDDYZMU ZEN

W ciągu miesięcy i lat, które nastąpiły po moim doświadczeniu nie posiadania głowy usilnie próbowałem je zrozumieć, opiszę krótko z jakim skutkiem. Charakter samego wglądu nie zmienił się przez ten czas, choć łatwiej było go przywołać i pozostawał dłużej. Jednakże jego rozumienie, jego znaczenie poszerzało się z czasem, na co wielki wpływ miała lektura. Pewną pomoc i zachętę znalazłem oczywiście w książkach naukowych, filozoficznych i religijnych. W szczególności, stwierdziłem, że niektórzy mistycy zdawali się dostrzegać i doceniać to, co ja sam tu widziałem.

Dyskusje zaś, na ten temat, okazywały się prawie niezmiennie całkiem bezowocne. – „Oczywiście nie widzę swojej głowy" – mówili moi przyjaciele – „i co z tego?" A ja zwykłem głupkowato odpowiadać:

– „I wszystko! Ty i cały twój świat przewracają się tym samym do góry nogami." To nie było dobre. Nie potrafiłem opisać mojego doświadczenia w sposób, który zainteresowałby słuchaczy, czy przekazać im cokolwiek z jego własności czy znaczenia. Nie mieli naprawdę pojęcia o czym mówię – dla obu stron sytuacja krępująca. Oto coś doskonale oczywistego, o kapitalnym znaczeniu, objawienie czystego i zdumiewającego zachwytu – dla mnie i nikogo więcej! Kiedy ludzie zaczynają widzieć rzeczy, których inni nie widzą, unoszą się brwi, wzywani są lekarze. I oto ja byłem w wielce podobnej sytuacji, z wyjątkiem może tego, że mój przypadek był przypadkiem nie widzenia rzeczy, które widzą inni. Pewna doza samotności i frustracji była nie do uniknięcia. Oto jak prawdziwy szaleniec musi się czuć, myślałem – odcięty, niezdolny do porozumiewania się z innymi.

Dodatkowym powodem konsternacji był fakt, że spośród moich znajomych, często właśnie ci najbardziej kulturalni i inteligentni wydawali się szczególnie niezdolnymi do zrozumienia o co chodzi, jakby nieposiadanie głowy było infantylną aberracją, z której to jak ze ssania kciuka powinno się było wyrosnąć i zapomnieć dawno temu. Jeśli chodzi o pisarzy, niektórzy co znakomitsi wprost wychodzili ze skóry, żeby dać mi do zrozumienia, że jestem szalony – albo też oni takimi byli. Chesterton, w swojej książce pt. *Napoleon z Notting Hill*, kończy swoją ironiczną listę pseudonaukowych cudów przykładem koronnego absurdu: ludzi bez głów! A wielki filozof Kartezjusz (słusznie uważany za wielkiego, ponieważ zaczyna swoje rewolucyjne dociekania od pytania o to, co jest oczywiste) idzie nawet dalej – właściwie to rozpoczyna on swoją listę rzeczy pewnych (rzeczy, które są „prawdziwe ponieważ odbierane przez zmysły") zadziwiającą zapowiedzią: „Po pierwsze dostrzegam, że mam głowę." Nawet człowiek z ulicy, który powinien wiedzieć lepiej, wyraża się o czymś szczególnie oczywistym mówiąc: „To jest tak oczywiste jak nos na twojej twarzy!" Z całego świata oczywistych rzeczy do wyboru musiał wybrać właśnie tę!

Mimo wszystko wolałem świadectwo swoich własnych zmysłów od wszystkich tych wieści z zewnątrz. Jeśli miało to być szaleństwo, to przynajmniej było nietuzinkowe. W każdym razie nigdy nie wątpiłem, że to, co ja zobaczyłem było tym, co widzieli mistycy.

3 Odkrycie Buddyzmu Zen

Jedyną dziwną rzeczą było to, że tak niewielu widziało to zupełnie tak samo. Większość duchowych mistrzów zdawało się „mieć głowy na karku", jeśli zaś tak nie było, niewielu uważało tę stratę za wartą wzmianki. I oczywiście żaden z nich, na tyle na ile udało mi się to zgłębić, nie włączył bezgłowości do programu duchowych ćwiczeń.

Dlaczego tak oczywista wskazówka, tak przekonywująca i zawsze obecna manifestacja tej Nicości, głoszenie której nigdy nie męczy duchowych nauczycieli, była tak lekceważona? W końcu jest to absurdalnie oczywiste, nie ma od tego ucieczki. Jeśli cokolwiek może być cucącym policzkiem, to właśnie to. Byłem zakłopotany a nawet czasami zniechęcony.

I wtedy – lepiej późno niż wcale – natknąłem się na zen.

******

Buddyzm zen ma opinię dyscypliny trudnej i prawie niedostępnej dla ludzi Zachodu, którym to z tego powodu często zaleca się, żeby trzymali się własnej tradycji religijnej, jeśli to możliwe. Moje własne doświadczenie było zupełnie przeciwne. W końcu po upływie więcej niż dekady w większości bezowocnych poszukiwań we wszystkich innych miejscach znalazłem w słowach mistrzów zen echa kluczowego doświadczenia mego życia; mówili moim językiem, odpowiadali moim warunkom. Wielu z tych mistrzów, jak stwierdziłem, nie tylko straciło swojej głowy (tak zresztą jak i my wszyscy), ale jasno uświadamiało sobie swój stan i jego ogromne znaczenie i używało wszelakich forteli, żeby doprowadzić swoich uczniów do jego realizacji. Pozwólcie, że przytoczę kilka przykładów.

O Nieposiadaniu Głowy

Słynna *Sutra Serca*, która zawiera esencję buddyzmu Mahajany i jest codziennie recytowana w klasztorach zen, zacząwszy stwierdzeniem, że ciało jest jedynie pustką oświadcza, że nie ma oka ani ucha, ani nosa. Zrozumiałe, że ta sucha wypowiedź zdumiała młodego Tung-shan'a (807 - 869 n.e.), a jego nauczycielowi, który też nie był wyznawcą zen, również nie udało się wiele z tego zrozumieć. Uczeń przyjrzał się nauczycielowi uważnie, po czym zbadał swą twarz palcami.

– „Masz parę oczu" – zaprotestował – „i parę uszu, i resztę tak jak i ja. Dlaczego zatem Budda mówi, że nie ma takich rzeczy?"

Jego nauczyciel odpowiedział:

„Nie mogę ci pomóc. Musi uczyć cię mistrz zen."

Opuścił mistrza wysłuchawszy jego rady. Jednakże jego pytanie pozostało bez odpowiedzi aż do chwili, kiedy wiele lat później wędrując spojrzał na spokojną wodę kałuży. Tam odkrył te ludzkie kształty o których mówił Budda – na wystawie, której były częścią, w miejscu, gdzie zawsze je trzymał, tam w oddali, pozostawiając *to* miejsce na zawsze przezroczystym, na zawsze wolnym od nich i od wszystkich innych rzeczy. To najprostsze z odkryć – to objawienie doskonale oczywistego – okazało się tym zasadniczym urzeczywistnieniem, którego Tung-shan szukał tak długo i doprowadziło go nie tylko do stania się uznanym mistrzem zen ale i założycielem szkoły Soto, która jest dziś największą sektą buddyzmu zen.

3 Odkrycie Buddyzmu Zen

Z górą sto lat wcześniej Hui-neng (637 – 712) Sósty Patriarcha buddyzmu zen przedstawił swój słynny komentarz na ten sam temat. Poradził on swemu klasztornemu bratu, mnichowi Ming powstrzymać wszelkie pragnienia i myśli, i *widzieć*.

– „Zobacz, jak w tej chwili wygląda twoja twarz sprzed narodzenia twego i twoich rodziców." Zanotowano, że skutkiem tego Ming odkrył w sobie to fundamentalne źródło wszystkich rzeczy, którego dotychczas szukał poza sobą. Teraz pojął jak się rzeczy mają, skąpany we łzach i własnym pocie. Oddając cześć Szóstemu Patriarsze zapytał, o to jakie jeszcze tajemnice nie zostały przed nim odkryte.

– „W tym co ci pokazałem" – odpowiedział Hui-neng – „nie ma nic ukrytego. Jeśli wejrzysz w siebie i rozpoznasz swoją 'Pierwotną Twarz', wszystkie tajemnice już masz w sobie."

Pierwotna Twarz Hui-neng'a (Nie-twarz, w ogóle Nie-rzecz) jest najbardziej znanym i dla wielu najbardziej pomocnym koanem zen. Mówi się, że poprzez wieki w Chinach okazała się wyjątkowo skuteczną wskazówką ku oświeceniu. Faktycznie, według Daito Kokushi (1281 – 1337 n.e.), wszystkie tysiąc siedemset koanów zen są po prostu wskazówkami do naszej Pierwotnej i Bezkształtnej Twarzy. O niej mówi Mumon (XIII w. n.e.):

Nie można jej opisać czy narysować, [1]
Nie można opiewać jej w pełni czy odczuć.
Nie znajdziesz takiego miejsca w którym można by umieścić Pierwotną Twarz;

---

1   Ale możesz to wskazać na rysunku – patrz strona 2 – czy raczej poza rysunkiem, jako na to, czego na nim brakuje.

Nie zniknie nawet gdy wszechświat ulegnie zniszczeniu. Jeden ze spadkobierców Hui-neng'a, mistrz zen Shih-t'ou (700 -790) ujmuje to nieco inaczej.

– „Pozbądź się gardła i ust, i daj mi usłyszeć co masz do powiedzenia." – rozkazał. Mnich odpowiedział:

– „Nie mam takich rzeczy."

– „W takim razie możesz przekroczyć bramę." – brzmiała zachęcająca odpowiedź. Mamy podobną anegdotę o współczesnym Shih-t'ou mistrzu Pai Chang'u (720 –812), który zapytał jednego ze swoich mnichów jak mówiłby bez gardła, ust i języka. Oczywiście to ta cicha Pustka jest miejscem z którego płynie głos – miejscem z którego Huang-po (zm. 850) pisze: „Jest to niczym nieskażone piękno; jest to nie żywiący się niczym, nie stworzony absolut. Jakże w ogóle może być przedmiotem dyskusji to, czy prawdziwy Budda nie ma ust i czy nie głosi Dharmy, czy też, że prawdziwe słyszenie nie wymaga uszu, jeśli nie ma nikogo kto mógłby ją usłyszeć? O, jest to bezcenny klejnot."

Mówi się, że jako pomoc w takiej realizacji, Bodhidharma, Pierwszy Patriarcha zen (VI w.) zalecał zdrowe uderzenie młotem w tył głowy. Tai-hui (1089 – 1163) był równie bezkompromisowy: „Jest to (zen) jak wielki ogień, jeśli zbliżasz do niego swą twarz, jest pewne, że ją poparzysz. Jest również jak miecz krótko przed dobyciem – skoro się go wyciągnie, ktoś na pewno straci życie... Ten drogocenny miecz (Vajra) jest właśnie tutaj a jego celem jest odciąć tę głowę." Istotnie to odcinanie głów było zwykłym tematem rozmów między uczniem i mistrzem zen. Weźmy za przykład ten dialog z IX w.:

3 Odkrycie Buddyzmu Zen

Lung-ya: Co byś uczynił, gdybym zagroził ci odcięciem głowy za pomocą najostrzejszego miecza na świecie?

Mistrz ukrył głowę w ramionach.

Lung-ya: Twoja głowa jest odcięta!

Mistrz uśmiechnął się.

Najwyraźniej mistrz i uczeń, obaj bezgłowi, dobrze się rozumieli. Równie dobrze zrozumieliby radę Muzułmanina Jalalu'l-Din Rumi, czołowego perskiego poety (1207 -1273): „Odetnij swą głowę!" „Rozpuść całe swe ciało w Obrazie, stań się widzeniem, widzeniem, widzeniem!"

– „Nauczyłem się od Niego" – mówi inny wielki poeta, mistyk hinduski Kabir (ur. 1440) – „widzieć bez oczu, słyszeć bez uszu, pić bez ust."

Jakże to Kabir mógł widzieć, jeśli nie oczami? Cóż, jak już zauważyliśmy, współczesna nauka sama przyznaje, że tak naprawdę nie widzimy oczami. Są one jedynie ogniwem w długim łańcuchu rozciągającym się od słońca poprzez promienie słoneczne, atmosferę i ciała odbijające światło, poprzez soczewki oka, siatkówkę, nerwy wzrokowe, prosto do nawiedzanego przez cząsteczki i fale miejsca w tym obszarze mózgu, gdzie ostatecznie (tak mówią) naprawdę zachodzi widzenie. Istotnie im głębiej fizjolog zapuszcza swą sondę w przedmiot swoich badań, tym bliżej dociera do Pustki, która jest bezpośrednim doświadczeniem siebie przez Podmiot – tej Pustki, która jest jedynym Widzącym i Słyszącym – jedynym Doświadczającym. (Nie jest jednak tak, że może on kiedykolwiek, nieważne na ile wyrafinowane są jego instrumenty i techniki, dotrzeć do Podmiotu poprzez sondowanie przedmiotu. Żeby tego dokonać, musi po prostu obrócić swą uwagę o 180°) Współbrzmi to z tym, co mówi stary mistrz zen.

– „Ciało" – mówi nam Rinzai – „samo nie wie jak wygłaszać kazanie, ani jak go wysłuchać... To co jest bezbłędnie postrzegalne dokładnie tu, gdzie jesteś, w pełni określone, choć nie posiadające formy – to jest tym, co słucha tego kazania." Tu ten chiński mistrz wraz z Kabirem i całą resztą powtarza jak echo nauki *Surangama Sutry* (wcześniejszej niż zen księgi indyjskiej), która naucza, że to niedorzeczne uważać iż widzimy oczami, czy słyszymy uszami, a to dlatego, że stopiły się razem i znikły w absolutnej Pustce naszej „pierwotnej, jasnej i czarującej, Twarzy", że najróżniejsze doświadczenia są możliwe. Jeszcze wcześniej taoistyczny mędrzec Chuang-tzu (ok. 300 p.n.e.) kreśli zachwycający obraz tej bezkształtnej Twarzy, czy mojej pustej głowy. Nazywa ją „Chaosem, Władcą Środka" i jej całkowitą pustkę tutaj przeciwstawia tym dobrze znanym, mającym po siedem otworów, głowom na zewnątrz. „Niepokój, bóg Południowego Oceanu i Zmartwienie, bóg Oceanu Północnego spotkali się pewnego razu w królestwie Chaosu, boga Środka. Chaos przyjął ich bardzo uprzejmie i zastanawiali się jak wynagrodzić mu jego uprzejmość. Zauważyli, że podczas gdy wszyscy mieli po siedem otworów aby widzieć, słyszeć, jeść, oddychać, Chaos nie miał żadnego. Zdecydowali więc przeprowadzić eksperyment polegający na wycięciu w nim tych otworów. Codziennie wiercili po jednym otworze, a siódmego dnia Chaos zmarł."

3 Odkrycie Buddyzmu Zen

Bez względu jednak na to, jak bardzo martwię się i niepokoję, i ponawiam moje wysiłki, aby zamordować władcę Środka poprzez nałożenie na niego moich ludzkich rysów z siedmioma otworami, nigdy nie może mi się to udać. Ta maska, tam w lustrze, nigdy nie będzie w stanie dotknąć mojej Pierwotnej Twarzy, ani tym bardziej jej zniekształcić. Żaden cień nie może paść na Chaos, bezcielesnego i wiecznego Króla.

******

Ale skąd ten cały nacisk na zniknięcie twarzy i głowy, a nie ciała jako całości? Dla ludzi odpowiedź jest prosta do znalezienia. (Krokodyle i kraby miałyby co innego do powiedzenia.) Dla mnie tutaj ta twarz, z jej organami zmysłów, jest czymś szczególnym w tym sensie, że jest *zawsze* nieobecna, zawsze pochłonięta przez tę bezgraniczną Pustkę, którą jestem podczas, gdy mój korpus i ramiona są czasami podobnie pochłonięte a czasami nie. Nieważne jednak ile ta Pustka w danej chwili w siebie wchłania, czy wyklucza, bowiem i tak widzę, że pozostaje nieskończenie pusta i nieskończenie duża bez względu na rozmiary czy wartość przedmiotów, które znajdują się w jej kręgu. Nie ma też żadnej różnicy, czy rozpuszcza ona tylko moją głowę (gdy spoglądam w dół), czy moje ludzkie ciało (gdy patrzę w dal), czy moje ciało-Ziemię (kiedy stanąwszy poza domem patrzę w górę), czy cały mój Wszechświat (wtedy, gdy zamykam oczy). Każda rzecz, bez względu na to jak drobna czy ogromna, w równym stopniu jest tu rozpuszczalna, w równym stopniu zdolna by przyjść i pokazać mi, że tu jestem nie-rzeczą.

O Nieposiadaniu Głowy

W literaturze znajdujemy wiele wymownych świadectw rozkładu całego ciała. Zacytuję kilka przykładów.

Yengo (1566-1642) pisze o zen: „Masz go bezpośrednio przed swym obliczem, i w tym momencie wszystko jest ci dane... Wejrzyj w swoje jestestwo... Pozwól swemu ciału i umysłowi przemienić się w martwą rzecz podobną kamieniowi, czy kawałkowi drewna. Kiedy osiąga się stan doskonałego bezruchu i nieświadomości, opuszczają nas wszystkie oznaki życia i znikają wszelkie oznaki ograniczeń. Żadna myśl nie zakłóci twojej świadomości, kiedy nagle zdasz sobie sprawę z istnienia światłości obfitującej pełnią radości. Jest to podobne spotkaniu światła w gęstym mroku, otrzymaniu skarbu w biedzie. Cztery elementy i pięć właściwości (całe tworzywo twego ciała) nie są już więcej odczuwane jako ciężar – jesteś tak lekki, spokojny, wolny. Twój byt został uwolniony od wszelkich ograniczeń, stałeś się otwarty, lekki i przezroczysty. Zdobywasz oświecający wgląd w prawdziwą naturę rzeczy, które teraz pojawiają się jako bajeczne kwiaty nie posiadające uchwytnej realności. Oto objawia się najzwyklejsza jaźń, która jest Pierwotną Twarzą twej istoty, ukazuje się w całej okazałości piękny krajobraz miejsca w którym się urodziłeś. Jedyna prosta ścieżka całkowicie wolna od przeszkód. To miejsce, gdzie zrzekasz się wszystkiego – swego ciała, życia i wszystkiego, co należy do najgłębszej jaźni. To miejsce, gdzie zdobywasz spokój, wytchnienie, niedziałanie i niewyrażalny zachwyt."

Ta charakterystyczna lekkość do której nawiązuje Yengo była doświadczana przez taoistę Lieh-tzu (ok. 400 p.n.e.), do tego stopnia, iż zdawało się, że dosiada wiatru. Oto jak opisuje on to uczucie: „To

3 Odkrycie Buddyzmu Zen

co wewnętrzne i zewnętrzne zostało stopione w jedno, po czym nie było już różnicy między okiem a uchem, uchem a nosem, nosem a ustami – wszystko było jednakie. Mój umysł zamarzł, moje ciało w rozpadzie, tkanki i kości stopione razem. Byłem zupełnie nieświadomy tego na czym spoczywa moje ciało, tego co mam pod stopami. Byłem niesiony tu i tam na wietrze jak trociny, czy liście spadające z drzew. Faktycznie, nie wiedziałem, czy wiatr dosiada mnie, czy ja wiatru."

Szesnastowieczny mistrz zen Han-shan mówi, że ciało i serce człowieka oświeconego są zupełnie pozbawione istnienia, są tym samym, co absolutna Pustka. O swoim własnym doświadczeniu pisze on tak: „Poszedłem na spacer. Nagle, stanąłem nieruchomy, wypełniony świadomością, że nie mam, ani ciała, ani umysłu. Wszystko, co widziałem to jedna wielka oświecająca Pełnia – wszechobecna, doskonała, świetlista i spokojna. Była ona jak wielkie, wszystko obejmujące lustro z którego spozierały ziemskie góry i rzeki... Czułem się jasny i przezroczysty." „Umysł i ciało odpadły!" wykrzykuje Dogen (1200–1253) w ekstazie uwolnienia. Odpadły! Odpadły! Musicie wszyscy doświadczyć tego stanu. To jest jak układanie owoców w koszu bez dna, jak nalewanie wody do dziurawej misy." „Nagle stwierdzasz, że twój umysł i ciało są pozbawione egzystencji.", mówi Hakuin (1685–1768). „Jest to znane jako puszczenie uchwytu. Kiedy odzyskujesz oddech jest to jak picie wody i odczuwanie jej chłodu. To niewysłowiona radość."

W naszym stuleciu, D.T.Suzuki, tak to podsumowuje: „Dla zen wcielenie jest pozbyciem się ciała, ciało jest nie-ciałem, tu i teraz równa się pustce (*sunyata*) i nieskończoności." Poza zen niełatwo znaleźć tak dobitne i tak wolne od religijności stwierdzenie jak to właśnie. Można jednakże znaleźć wiele podobieństw i w innych tradycjach, o ile się wie czego szukać. Jednego należy się spodziewać – tego, że to podstawowe widzenie musi przekraczać wydarzenia historii i geograficzne granice.

Nieuchronnie najbliższy tego przykład można znaleźć w Indiach, pierwotnej kolebce buddyzmu. Sankara (ok. 820), wielki mędrzec i komentator doktryny *advaita* czy absolutnej niedwoistości, nauczał, że nie ma dla człowieka nadziei na wyzwolenie póki nie przestanie się on identyfikować z ciałem, które jest jedynie złudzeniem zrodzonym z niewiedzy. Jego prawdziwa Jaźń jest jak przestrzeń – wolna od przywiązań, czysta, nieskończona. Branie tego nierealnego ciała za prawdziwą Jaźń, to zniewolenie i upadek. Doktryna ta jest wciąż żywa w Indiach. Jeden z jej najbardziej jaskrawych, chodzących przykładów, Ramana Maharshi (1879 – 1950), zwykł mówić zasięgającym u niego rady: „Aż do tego momentu poważnie uważałeś, że jesteś tym ciałem i posiadasz formę. Ta pierwotna niewiedza jest podstawową przyczyną wszystkich kłopotów."

Chrześcijaństwo (choć, jak zauważa arcybiskup Temple, to najbardziej materialistyczna ze wszystkich religii) również jest świadome faktu, że prawdziwe oświecenie musi rozproszyć ciemną nieprzejrzystość naszych ciał w nie mniejszym stopniu niż naszych dusz. „Gdy oko twe jest jedno", mówi tajemniczo Jezus, „całe twe ciało wypełnia światło." To pojedyncze oko jest z pewnością tożsame z drogocennym Trzecim Okiem indyjskiego mistycyzmu, które daje

3 Odkrycie Buddyzmu Zen

widzącemu możliwość jednoczesnego widzenia swojej Pustki i tego, co ją wypełnia. I tak samo jak z tym drogocennym klejnotem, którego (zgodnie ze wschodnią tradycją) szukamy wszędzie prócz tego miejsca na czole, na którym wszyscy je nosimy.

Augustin Baker (1575-1641) pisze o kontemplującym chrześcijaninie: „W końcu dochodzi on do całkowitego oderwania i wtedy wydaje się sam sobie być całkowicie duchowej natury, jak gdyby nie miał ciała... Im czystsze i doskonalsze jest to oderwanie, tym wyżej wznosi się on ku doskonałości." Jest to komentarz do znanego fragmentu *The Cloud of Unknowing*, czternastowiecznego traktatu mistycznego, który uczy, że jasna świadomość naszego nieistnienia jest warunkiem wstępnym prawdziwej radości, ponieważ „wszyscy ludzie mają jakieś powody do smutku, szczególnie jednak ten, który wie i czuje, że *jest*." Ale oczywiście to niezastąpione zaparcie się siebie jest ulubionym tematem chrześcijańskiego mistycyzmu. Nikt nie opisuje jego dwóch aspektów bardziej wyraziście niż św. Bernard (1091-1153): „Taka utrata siebie, że jest się opróżnionym z siebie do tego stopnia iż przestaje się prawie w ogóle być nie jest jedynie ludzką radością, lecz niebiańską błogością... Jakże inaczej mógłby Bóg być „wszystkim we wszystkim", jeśli cokolwiek z człowieka w człowieku by pozostało?"

Czasami na Zachodzie nawet język mistyka jest podobny do języka zen na równi z tym co on opisuje. Gerlac Peterson (1378-1411), mówi o „widzeniu", które jest „tak nagłe i tak pełne mocy, że cały wewnętrzny człowiek, nie tylko jego serce ale i ciało, jest cudownie poruszone i wstrząśnięte... Wnętrze jego jest uczynione jasnym bez cienia wątpliwości." Jego duchowe oko jest szeroko otwarte, zamiast pozostawać, jak to ujmuje Shakespeare

„Największym ignorantem w materii, której jest najbardziej pewien,

Jego szklistej istoty,

– przez co zachowuje się jak rozzłoszczona małpa – poszukuje najgłębszych głębi, przejrzystego serca Rzeczywistego."

Z naszą uwagą przykutą do fizycznego świata nie udaje się nam go zrozumieć. Lekceważąc naszą wewnętrzną informację, patrzymy na nasze małe ludzkie ciała jako nieprzezroczyste i oddzielone od naszego kompletnego Ciała, Wszechświata, który w rezultacie wydaje się równie nieprzezroczysty i podzielony. Niektórzy z naszych poetów, jednakże, nie są tak zmyleni i oszukani przez (tak zwany) zdrowy rozsądek, zamiast tego przyjmują z otwartymi ramionami wszystkie rzeczy i radują się ich przezroczystością. Rainer Maria Rilke napisał o swym zmarłym przyjacielu:

Bowiem nimi, tymi cienistymi dolinami, falującymi trawami
I strumieniami rwącej wody była jego twarz.

Nie poprzestał jednak na rozpuszczeniu tej ludzkiej twarzy i ciała, jego zdeklarowaną misją było pójść dalej i „oddać ziemię na której żyjemy i dalej wszechświat, niewidzialny, i tym samym przekształcić go na wyższy poziom rzeczywistości." Dla Rilke ta zawsze obecna Pustka, czy nieśmiertelna Twarz nie ma granic. Podobnie mówi o sobie Traherne:

Byłem sensem samym w sobie.
Nie czułem nieczystości ani treści w swej duszy,

3 Odkrycie Buddyzmu Zen

Ni granic czy brzegów, takich jakie u misy
Dostrzegamy. Moją istotą było obejmowanie.

I w lepiej znanym fragmencie: „Nigdy w pełni nie radujesz się światem, póki samo morze nie popłynie w twych żyłach, póki nie okryjesz się niebem i nie przywdziejesz gwiazd."

Nie jest to nic innego jak znane zen doświadczenie satori – tylko język nieco się różni. W momencie satori następuje wybuch i człowiek nie posiada innego ciała prócz wszechświata. „Czuje on, jak jego ciało i umysł, ziemia i niebo, stapiają się w jedną przezroczystą całość – nieskazitelną, czujną, w pełni przebudzoną," mówi mistrz Po Shan:

Cała ziemia jest tylko jednym z moich oczu,
Jedynie błyskiem mojego oświecającego światła.

W licznych tekstach mówi się nam o tym jak to oświecony człowiek, jak gdyby za sprawą magii, pochłania rzeki, góry, morza, cały wielki świat, redukując wszystko do tej Pustki tutaj, w ogóle do niczego i wtedy z tej oto Pustki tworzy rzeki, góry i cały niezmierzony świat. Bez odczucia najmniejszej niewygody połyka całą wodę Zachodniej Rzeki i wypluwa ją z powrotem. Przyjmuje w siebie wszystkie rzeczy, obala ich istnienie, tworzy wszystkie rzeczy. Widzi wszechświat jako nic innego, tylko strumień swej głębokiej Natury, która sama w sobie pozostaje nieskażona, całkowicie przejrzysta. Teraz to, jest on przywrócony sobie takim jakim naprawdę jest, samym sercem egzystencji z którego przejawia się całe istnienie. Krótko mówiąc zostaje ubóstwiony. Stanąwszy u tego unikalnego źródła krzyczy: „Ja jestem Środkiem, ja jestem Światem, ja jestem

Twórcą!" (D.T. Suzuki) Albo: „Ja jestem przyczyną istnienia swojej jaźni i wszystkich rzeczy!" (Eckhart)

W jaskrawym języku zen parszywy kundel staje się złotowłosym lwem ryczącym na pustyni, spontanicznym, wolnym, pełnym energii, nie potrzebującym niczego i samotnym. Przybywszy w końcu do Domu nie znajduje miejsca dla dwojga. Nasz własny Traherne powtórnie staje się echem wschodnich mistrzów kiedy woła: „Moje były ulice, moim klasztor, ludzie byli moi, ich ubiór i złoto, i srebro było moje, tak jak i błyski w ich oczach, piękna skóra i rumiane twarze. Niebo było moje, jako i Słońce, Księżyc i gwiazdy, i cały świat a ja jedynym świadkiem radującym się z tego."

✶✶✶✶✶✶

To, co ja nazywam doskonałością widzenia, nie jest widzeniem innych, ale siebie.

CHUANG-TZU (III w. p.n.e.)

Wgląd w Nicość – to jest prawdziwy wgląd, wiekuiste widzenie.

SHEN-HUI (VIII w. n.e.)

Ten, który wie, że jest Duchem, staje się Duchem, ani bogowie, ani ludzie nie mogą mu przeszkodzić... Bogowie nie lubią ludzi, który posiedli tę wiedzę... Bogowie kochają to, co zaciemnione, a nienawidzą oczywistego.

BRIHADARANYAKA UPANISHAD (VII w. p.n.e.)

Głupcy odrzucają to, co widzą, a nie to, co myślą. Mądrzy odrzucają to, co myślą, a nie to, co widzą... Obserwuj rzeczy takimi jakimi są, a nie zwracaj uwagi na innych ludzi.

HUANG-PO (IX w.)

Temu, który zna nic, To jest jasno ukazane.

MISTRZ ECKHART (1260-1327)

I jak myślisz, jaka przyświecała mi zasada? Naprawdę dziecinna, ale najlepsza na świecie. Byłem prowadzony przez ślepą wiarę w Bożą dobroć i dlatego przywiodło mnie do studiowania najbardziej oczywistych i powszechnych rzeczy.

THOMAS TRAHERNE (1657-1674)

Ten, kto wątpi w to, co widzi Nigdy nie uwierzy, rób, co ci się podoba.
WILLIAM BLAKE (1757-1827)

Aspekty rzeczy, które są dla nas najważniejsze, są ukryte z powodu swojej prostoty i swojskości.
LUDWIG WITTGENSTEIN (1889-1951)

Ukradziony list w historii Edgara Allana Poe (1845), „umknął uwadze, będąc do przesady oczywistym." Złoczyńca „umieścił go bezpośrednio pod nosem całego świata, w pewnym sensie najlepszy sposób aby świat nie spostrzegł go ani trochę."

4 AKTUALNE ZNACZENIE TEJ CAŁEJ HISTORII

Osiem stopni Bezgłowej Ścieżki

Minęło już z górą czterdzieści lat od chwili mojego „himalajskiego" przeżycia i ponad dwadzieścia odkąd jego opis, zamieszczony wcześniej, został opublikowany po raz pierwszy. Były to owocne lata – czas wielu zaskoczeń i szoków – podczas których przeżycie to przekształciło się samoistnie w Ścieżkę (Bezgłowa Droga, czy Ścieżka, jest równie dobrą nazwą dla niej jak każda inna) i wiele nauczono się o niej: o jej zakrętach, miejscach, gdzie ruch jest płynny, miejscach korków i o jej ogólnej przydatności. Mapa całości była długo oczekiwana od samego początku (znacznie poprzedzającego „himalajskie" przeżycie).

Ta ostatnia już część tej książki jest próbą naszkicowania takiej mapy. Prezentuje ona oczywiście jedynie jedną z niezliczonych odmian tej archetypalnej Drogi, która wiedzie (używając słów *Brihadaranyaka Upanishad*) od nierealnego ku Rzeczywistości, od ciemności ku Światłu, od śmierci ku Nieśmiertelności. Ścieżka ta, tu i ówdzie towarzyszy i łączy się z Drogą zen, gdzie indziej biegnie własnym torem. Jeśli wydaje się być bardziej bezpośrednią, łatwiejszą niż ta starożytna Droga Dalekiego Wschodu, dzieje się tak dlatego, że wiedzie nas przez znane krajobrazy współczesnej zachodniej kultury, nie zaś dlatego, że jest krótsza i gładsza. Nie jest taka. Nie jest i tak, oczywiście, że nasz dokładnie wyznaczony szlak będzie odpowiadał każdemu zachodniemu wędrowcy. Za wyjątkiem pierwszych trzech faz (przez które wszyscy przeszliśmy), nasza mapa jest – musi być – wzorowana na własnym dzienniku podróży autora. Sprawą czytelnika jest określić w jakim stopniu jest ona zgodna z jego własną. Nieuniknione są odchylenia, nawet znaczne. Jednakże wcześniejsze stadia naszego szkicu pokażą co najmniej jak daleko zaszedł, późniejsze zaś dadzą mu pewne pojęcie o tym co jeszcze może spotkać na swej drodze – punkty orientacyjne, słupy milowe, ślepe uliczki, pułapki – jeśli znajdzie się na tej Bezgłowej Ścieżce.

Wszystkie Drogi można podzielić na mniej lub bardziej arbitralnie wybrane, często nakładające się na siebie, stadia. Tu wyróżniamy osiem: (1) Bezgłowe Niemowlę, (2) Dziecko, (3) Obdarzony Głową Dorosły, (4) Bezgłowy Świadek, (5) Praktyka Bezgłowości, (6) Realizacja, (7) Bariera, (8) Przełom.

(1) Bezgłowe Niemowlę

Jako niemowlę byłeś podobny zwierzęciu w tym, że *dla siebie* byłeś bezgłowy, nie miałeś twarzy, oczu, byłeś pozbawiony granic, wolny, nie oddzielony niczym od swego świata – nie zdający sobie sprawy ze swego błogosławionego położenia. Nieświadomie, żyłeś nie oddzielony od tego Czym jesteś, Gdzie jesteś, od swego Źródła, polegałeś po prostu na tym co było ci Dane. To co ukazywało się twoim oczom było rzeczywiście obecne – Księżyc nie był, ni większy, ni dalszy niż wyciągnięta ku niemu dłoń. Twój świat był naprawdę twoim światem – odległość, ten najbardziej wiarygodny i chciwy złodziej nie zaczął ci go jeszcze wykradać. To, co oczywiste, naprawdę było oczywiste – grzechotka opuściwszy pole widzenia przestawała istnieć: nie zgłaszałeś żadnych pretensji do tej twarzy w lustrze. Pozostawała tam – była własnością tamtego dziecka, nie twoją.

(2) Dziecko

Stopniowo uczyłeś się tej fatalnej i podstawowej sztuki wychodzenia z siebie i spoglądania wstecz na siebie, jak gdyby z odległości kilku stóp i oczami innych, i „widzenia" siebie z ich pozycji jako podobnej im ludzkiej istoty z normalną głową na ramionach. Normalną, choć jedyną w swoim rodzaju. Doszedłeś do tego, że zacząłeś identyfikować się z tą twarzą w lustrze i reagować na jej imię. Jednakże *dla siebie* pozostałeś wolną, bezgłową, bezgraniczną Przestrzenią w której mógł zdarzać się twój świat. Faktycznie, jest bardzo prawdopodobne, że czasami stawałeś się doskonale świadom tej Przestrzeni. (Dziecko ma skłonność do zadawania pytań czemu inni mają głowy, a ono nie, lub oświadczać, że jest niczym, nieobecne, niewidzialne. Na swych trzecich urodzinach Carlos poproszony żeby pokazał, gdzie siedzą różne jego ciocie i wujkowie poprawnie wskazał wszystkich po kolei. Wtedy ktoś zapytał go, gdzie jest Carlos. Wzruszył tylko ramionami. Carlos nie mógł zlokalizować Carlosa. Przy innej okazji skarcony za niegrzeczne zachowanie, nie protestował będąc nazwany *niegrzecznym*, ale zaprzeczył jakoby był *chłopcem*. Wkrótce po tym przyszedł do swojej babci i oświadczył, że *jest* chłopcem!)

W tej fazie udaje ci się niemalże spijać to co najlepsze z obu światów – nieograniczonego, nie człowieczego świata z którego pochodzisz i ograniczonego, do którego wchodzisz. W wielkim skrócie, masz w efekcie dwie tożsamości, *dwie* wersje siebie samego. W życiu prywatnym jesteś wciąż nie-rzeczą, otwarty, ogromny, rozciągający się nawet do gwiazd (choć teraz dalekie, jesteś w pełni zdolny zawrzeć je w sobie – wciąż są to *twoje* gwiazdy), podczas gdy w życiu społecznym jesteś coraz bardziej czymś całkowicie przeciwnym. Jeśli my dorośli mamy stać się podobni dzieciom aby wkroczyć do Królestwa Niebieskiego, to właśnie podobni dzieciom w tym szczęśliwym wieku (do pięciu lat powiedzmy), się staniemy – maluczkim, którzy są dla siebie duzi, którzy są ogromni, prawdziwiej dorośli niż tak zwani dorośli.

(3) Obdarzony Głową Dorosły

Ludzie rozwijają się jednakże w zadziwiająco różnym tempie. Poppy już w wieku dwóch lat oddawała się kontemplacji swojego odbicia w lustrze. A w wieku dwóch lat i trzech miesięcy, kiedy jej matka (sądzę, że niezbyt rozsądnie) zasugerowała, że w miejscu gdzie właśnie siedzi, w pobliżu lustra, może nie być żadnej twarzy lub zgoła pustka Poppy powiedziała: „Nie mów o tym, to mnie przeraża!" Wygląda na to, że od najwcześniejszych lat, nasz wyuczony sposób patrzenie na siebie z zewnątrz zaczyna przyćmiewać, nakładać się i w końcu wymazuje nasz oryginalny sposób patrzenia ze środka. Zamiast rosnąć karłowaciejemy. Zamiast być obecnym nie oddzielonym od gwiazd – i wszystkich rzeczy pod gwiazdami – kurczymy się i wycofujemy spośród nich. Zamiast zawierać nasz świat, on zawiera teraz nas – oto co z nas zostało. Czyż można się dziwić, że zamiast być całą sceną zredukowani do bycia tą małą jej częścią, popadamy w różnego rodzaju kłopoty, jeśli wzrastamy chciwi, urażeni, wyobcowani, przerażeni, pokonani, zmęczeni, sztywni, schematyczni zamiast twórczy, pozbawieni miłości, po prostu szaleni? Albo bardziej szczegółowo:

Chciwi – ponieważ próbujemy odzyskać i zgromadzić za wszelką cenę tak wiele jak to tylko możliwe z naszego utraconego imperium,

Urażeni bądź agresywni – ponieważ szukamy zemsty na społecznym porządku, który tak okrutnie okroił nasze wymiary,

Wyobcowani, samotni, podejrzliwi – ponieważ chorobliwie wyobrażamy sobie, że ludzie a nawet zwierzęta i przedmioty nieożywione utrzymują między nami dystans, są odległe; nie chcemy dostrzec, że ta odległość sprowadza się do niczego tak, że naprawdę są tu razem z nami, nasi towarzysze od serca, serdeczni przyjaciele, bliżej niż blisko,

Przerażeni – ponieważ widzimy siebie jako rzeczy pozostające na łasce i w sprzeczności z innymi rzeczami,

Pokonani – ponieważ wysiłek na rzecz tego indywidualnego czegoś jest zapewnieniem porażki; prawdopodobnym końcem naszych nawet najbardziej pomyślnych przedsięwzięć jest rozczarowanie, pewnym końcem jest śmierć,

Zmęczeni – ponieważ budowa, utrzymanie i stałe przystosowywanie tej wyimaginowanej skrzyni do zamieszkania pochłania tak wiele energii,

4 Aktualne Znaczenie Tej Całej Historii

Sztywni, poważni, nienaturalni, sztuczni – ponieważ prowadzimy życie oparte na kłamstwie, przy tym na kłamstwie niezdarnym, bez polotu, przewidywalnym, ograniczającym,

Nie twórczy – ponieważ odcięliśmy się od Źródła i Centrum i uważamy się jedynie za zjawisko lokalne,

Pozbawieni miłości – ponieważ zamknęliśmy się pozostawiając wszystkich poza miejscem, które jak nam się wydaje zajmujemy udając, że nie jesteśmy zbudowani otwarci, zbudowani aby kochać,

Szaleni – ponieważ „widzimy" rzeczy, których nie ma, a właściwie wierzymy (na przekór wszystkim dowodom), że z odległości 0 metrów jesteśmy tacy jak z odległości 2 metrów – masywną, nieprzezroczystą, kolorową, mającą jakiś kształt bryłą materii. Jak nasze życie i nasz świat mogą być normalne jeśli samo ich Centrum odeszło od zmysłów?

Jeśli nie cierpimy z powodu tych licznych upośledzeń świadczy to o tym, że pozostajemy w głębi serca małymi dziećmi na Etapie (2), bezgłowi, przezroczyści, pełni wdzięku i mniej lub bardziej świadomi kontaktu z prawdą o tym, czym jesteśmy. Albo przeszliśmy już do dużo późniejszej fazy. W każdym razie podstawowy powód dla którego tak wielu z nas potrafi sobie radzić i nie popada w chroniczne choroby czy obłęd, jest zarówno prosty jak i uspokajający. Jeśli w naszym codziennym życiu jesteśmy dość często wrażliwi, kochający, wielkoduszni, przepełnieni śmiechem a nawet szczęśliwi dzieje się tak dlatego, że my wszyscy – niezależnie do jakiego etapu zdarzyło nam się dojść – jesteśmy zakorzenieni i czerpiemy soki z naszego wspólnego Źródła i umiejscowionej w środku Doskonałości, z jednej i tej samej Bezgłowości, czy Oryginalnej Twarzy, czy Świadomej Pustki. Od samego początku jesteśmy w pełni oświeceni przez jedno i to samo Wewnętrzne Światło, niezależnie od tego czy pozwalamy mu żeby nas prześwietlało czy nie. Nasze szczęście jest głęboko zakorzenione i rzeczywiste, podczas gdy nasza bieda jest płytko zakorzeniona i nierzeczywista, zrodzona ze złudzeń i niewiedzy. Cierpimy ponieważ nie dostrzegamy faktu, że tak naprawdę jesteśmy zupełnie w porządku.

Nasuwa pytanie: czy Etap (3) – odcinek drogi tak wyłożony cierpieniem opartym na błędnych wyobrażeniach – jest jedynie wielkim błędem, niepotrzebną pętlą, którą można i powinno się obejść? Czy możliwym jest – przy pomocy oświeconych nauczycieli i rodziców – przeskoczyć z etapu (2) do prawdziwej dorosłości czy zyskać wiedzę późniejszych etapów unikając najgorszych z przeszkód, które właśnie wymieniliśmy? Innymi słowy, czy można stać się pełnoprawnym członkiem tego klubu zwanego Ludzkim Społeczeństwem i cieszyć się jego nieocenionymi przywilejami i udogodnieniami mimo tego, że nie godzimy się na kłamstwo na którym się ono opiera, bez dołączania do nigdy nie kończącej się klubowej Gry w Twarz, * bez stawania się takim *jak oni*? Rielke,

---

* *The Face Game* (artykuł napisany przez D.H.Harding'a dla *Transactional Analysis Bulletin*, kwiecień 1967) odnosi się do niezliczonych i często desperackich „gier, w które grają ludzie" jako gałęzi wyrastających z tej gry gier. Odcięcie ich w jednym miejscu może jedynie spowodować to, że wyrosną ze zdwojoną siłą gdzie indziej.

4 Aktualne Znaczenie Tej Całej Historii

pisząc o bolesnym przeżyciu ze swojego dzieciństwa nie miał na to zbyt wielkiej nadziei. „Ale wtedy dzieje się najgorsze. Biorą go pod ręce i zaciągają do stołu; wszyscy, ilu ich tam było, gromadzą się ciekawscy przed lampą. Wychodzą na tym najlepiej, trzymają się w cieniu, podczas gdy na niego pada, wraz ze światłem, *cała ta hańba z powodu posiadania twarzy*. Czy powinien pozostać i udawać, że żyje na sposób, który oni mu przypisują, i wzrastać upodabniając się do nich ... ?" †

Pytanie, które stawiamy brzmi: czy możemy odmówić przywdziania tego wieńca *(jakże trafne określenie!)*, tych haniebnych i tych złośliwych narośli, które społeczeństwo zdecydowane jest wszczepiać i uprawiać dokładnie tu na twoich ramionach – jak i wszystkiego co te narośla za sobą pociągają?

Odpowiedź brzmi: w praktyce, Nie. Nie ma możliwości wyplątania się z tego, żadnych skrótów. Musimy podjąć ten ciężar i podróżować tym długim objazdem. Prawdą jest, że są tacy, którzy uchylają się od tego, i nigdy nie dochodzą do umiejętności widzenia siebie z pewnej odległości jako drugiej, czy trzeciej osoby. Podobnie jak starszy brat w opowieści o Synu Marnotrawnym, pozostają w Domu

---

Żeby się ich pozbyć i stać się wolnym od gier, trzeba uszkodzić pień z którego wyrastają, którym jest założenie, że jest tu ktoś, kto może grać – osoba (persona, maska), twarz dokładnie tu, gdzie jestem, naprzeciwko twojej twarzy znajdującej się tam, twarzą w twarz, naprzeciwko siebie, w symetrycznym (i przez to stwarzającym gry) związku

† *The Notebook of Malte Laurid Brigge*, przekład John Linton, Hogarth, Londyn, 1959. Wyróżnienia nie występują w oryginale

będąc pierwszą osobą liczby pojedynczej, czasu teraźniejszego, pełni niewinności. Nie jest to stan godny pozazdroszczenia. Ponieważ są niezdolni pojąć i zgodzić się z tym jak inni ich widzą nadaje im się etykietę „opóźnionych w rozwoju" lub jeszcze gorszą, i są skłonni zachowywać się zgodnie z nią, wymagają też instytucjonalnej opieki. Faktycznie nie ma żadnej drogi z Raju dzieciństwa do Nieba błogosławionych, która nie prowadziłaby przez pewien rodzaj Piekła, czy co najmniej Czyśćca. Naprawdę, aby odwrócić się od świata naszych osobistych celów, aby porzucić nasze oddzielne ego (i w ten sposób przejść do następnych etapów naszej podróży), w tej fazie musimy być członkami społeczeństwa na pełnym etacie, które to z kolei jest oddane naszemu utrzymaniu. Kiedy jesteśmy małymi dziećmi nasz egocentryzm jest jeszcze zbyt płytki, zbyt słaby, niestały i otwarty, za mało nasz, abyśmy mogli go porzucić. Aby naprawdę stracić nasze głowy musimy najpierw mieć je osadzone twardo na miejscu. Aby naprawdę docenić To, czym jesteśmy, z pełną jasnością i naciskiem, musimy wpierw utożsamić się z tym, czym nie jesteśmy. Aby naprawdę docenić to, co doskonale oczywiste, musimy najpierw przyswoić sobie nawyk niedostrzegania go i zaprzeczania mu. Świat jest już taki, że prawdziwe wyzwolenie nie przychodzi *in vacuo*, jest to wyzwolenie od tego, co fałszywe – bez czego nie jest żadnym wyzwoleniem. Zatem okazuje się, że nasza lista kłopotów – daleka niestety od pełnej opowieści o nieszczęściu – nie jest wcale nieszczęściem. Jest warunkiem wstępnym wolności, której nie można mieć w inny sposób. Ma swój wielki (i znaczący) wkład w tę realizację

- w to powtórne odkrycie oczywistego - które w końcu zwycięża, które jest na to lekarstwem, i w ogóle, i w szczególe. Leży u podstaw tej ostatecznej szczęśliwości, którą (jak zobaczymy) można znaleźć przy końcu naszej podróży. Tymczasem nasze kłopoty dostarczają najmocniejszej motywacji by spieszyć do przodu. Któż chciałby być przetrzymywany dłużej niż to konieczne w tym bolesnym rejonie? I kto, zrobiwszy już takie postępy na tej Drodze nie chciałby jej kontynuować - szczególnie że nasz następny etap jest zdecydowanie najłatwiejszy i najprostszy ze wszystkich?

(4) Bezgłowy Świadek

Wszystko, co trzeba zrobić, ażeby przejść do Czwartego Etapu podróży - tak w skrócie - to odwrócić kierunek swojej uwagi. *Katha Upanishad* ujmuje to następująco: "Bóg stworzył zmysły skierowane na zewnątrz, przeto człowiek patrzy na zewnątrz nie na siebie. Jednakże od czasu do czasu jakaś śmiała dusza pragnąca nieśmiertelności spogląda wstecz i znajduje siebie." Faktycznie tej "śmiałej duszy" nie brak zachęt. Jest bowiem otoczona niezliczonymi rzeczami, które jej o tym przypominają, niezliczonymi środkami odwrócenia kierunku uwagi - jeśli tylko jest wystarczająco dociekliwa w sprawie swojej prawdziwej tożsamości i *jeśli pragnie choć na moment porzucić opinie na temat samej siebie oparte na pamięci i wyobraźni, i polegać na OBECNYCH DOWODACH.* Oto trzy z wielu metod wykonania tego zwrotu, dla uważnego i uczciwego wobec siebie czytelnika do natychmiastowego wypróbowania.

(i) To na co teraz patrzysz, to ten drukowany tekst, to skąd teraz patrzysz to wolna dla tego tekstu Przestrzeń. Zamieniając swoją głowę na niego nie stawiasz nic na jego drodze, znikasz, aby on zaistniał.

(ii) To skąd teraz patrzysz to nie dwa małe dobrze umocowane "okienka" zwane oczami, ale jedno niezmierzone i szeroko otwarte "Okno" bez żadnych granic; faktycznie to ty jesteś tym "Oknem" bez ram i szyb.

(iii) Żeby się o tym upewnić musisz tylko wskazać na to "Okno" i zauważyć to, na co wskazuje ten palec, jeśli w ogóle na coś wskazuje. Proszę zrób to właśnie teraz ... .

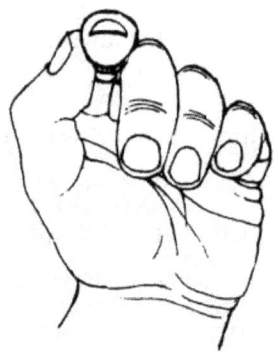

Wbrew pierwszemu wrażeniu świadoma bezgłowość czy przezroczystość – ten wgląd w Nicość-właśnie-tu-gdzie-się-jest okazuje się mieć szereg unikalnych zalet. *Nie ma doświadczenia podobnego temu.* Oto zaledwie pięć spośród jego szczególnych właściwości – przedstawiam je czytelnikowi nie po to, żeby w nie uwierzył, ale żeby je sprawdził:

Po *pierwsze* poprzez stulecia ten wgląd był uznawany za najtrudniejszą rzecz na świecie. Najśmieszniejsze jest to że jest on najłatwiejszy. Sztuczka z tym pobożnym przekonaniem nabrała mnóstwo gorliwych poszukiwaczy. Ten skarb nad skarbami, w poszukiwaniu którego wyczerpywali oni swoje siły jest faktycznie łatwo dostępnym, najbardziej wyeksponowanym, krzykliwie oczywistym znaleziskiem oświetlonym jak na wystawie przez cały czas. W Kanonie Pali Buddy opis stanu Nirwany jako "widzialny w tym życiu, zapraszający, pociągający, dostępny" jest całkowicie prawdziwy i sensowny. Równie prawdziwe jest stwierdzenie mistrza Ummona, że pierwszym krokiem na ścieżce zen jest wgląd w naszą Naturę Pustki a pozbycie się naszej złej karmy następuje po, a nie przed, tym widzeniem. Również Ramana Maharshi twierdzi z naciskiem, że łatwiej jest zobaczyć Czym i Kim jesteśmy naprawdę, niż dostrzec "owoc agrestu leżący na dłoni" – jak często i tym razem ten hinduski mędrzec potwierdza nauki zen. Wszystko to oznacza, że nie trzeba spełnić żadnych warunków wstępnych by dokonać tego wglądu. Dla każdego z nas jego Natura jest zawsze obecna i dostępna, i jest zadziwiające jak ktokolwiek może udawać, że jest inaczej. Jest dostępna teraz, taką jaka jest i nie wymaga od widza aby był świętym, uczonym, czy inteligentnym, czy pod jakimkolwiek względem szczególnym. Wręcz przeciwnie! Cóż to za wspaniała jego zaleta i szansa dla wszystkich.

Druga, że tylko ono jest prawdziwym widzeniem. Nie można popełnić tu błędu i jest zupełnie nie do zepsucia. Przypatrz się i zobacz, czy możliwym jest być *mniej lub bardziej* bezgłowym, postrzegać częściowo tę Pustkę w której jesteś. Widzenie *Podmiotu* jest doświadczeniem typu wszystko-albo-nic w porównaniu z widzeniem *przedmiotów* (takich jak ta zadrukowana strona i trzymające ją ręce i ich tło), które jest powierzchowne i duża część tej sceny nie jest postrzegana. Spojrzenie na zewnątrz nigdy nie jest w pełni klarowne, spojrzenie do wewnątrz, nigdy zamglone – jak sugerują w cytatach poprzedzających tą część Chuang-tzu i Shenhui.

Trzecia, to widzenie może być pogłębiane. Najbardziej klarowne spojrzenie na zewnątrz jest płytkie, jest spojrzeniem w ślepą uliczkę w porównaniu ze spojrzeniem do wewnątrz, w bezgłowość, które to w pełnej swej prostocie pogłębia się wciąż dalej i dalej. Możemy je opisać jako penetrujące naszą świadomą naturę do najgłębszych głębi i dalej w Otchłań sięgającą poza samą Świadomość, nawet poza istnienie, ale opis ten jest zbyt skomplikowany i rozwlekły. Jakiż widok na przezroczystość otwiera się przed nami – czy raczej w nas, gdy odważamy się wskazać palcem tę prostotę w miejscu, które rzekomo zajmujemy. Jest to samopotwierdzające się, samowystarczalne, opierające się wszelkim opisom ponieważ nie ma Nic do opisywania. To co widać to Widz i Widziane i nie ma żadnych wątpliwości, skąd on pochodzi. Oto mamy doświadczenie, które jest unikalne, natychmiastowe, intymne, niewątpliwe. Przekonywujące, jak nic innego. "Nie trzeba już wierzyć," mówi Sufi Al-Alawi, "kiedy *widzi* się Prawdę."

4 Aktualne Znaczenie Tej Całej Historii

Po czwarte, doświadczenie to jest niespotykanie łatwe do dzielenia się z innymi, ponieważ jest dokładnie takie samo dla wszystkich – dla Buddy, Jezusa, Shen-hui, Al-Alawi, dla mnie i dla ciebie. To naturalne skoro nie ma w nim nic, co mogłoby stanowić różnicę, nic co można by popsuć, nic idiosynkratycznego, wyłącznie osobistego, czy prywatnego. W bezgłowości odnajdujemy w końcu wspólny grunt. Jakie to niepodobne do tych tak trudnych do dzielenia się z innymi doświadczeń! Bez względu na to na ile obrazowo opisujesz i próbujesz zademonstrować komuś swoje wrażenia, myśli i uczucia, nigdy nie można być pewnym, że rozmawiacie o tej samej rzeczy. (Ty i on możecie się zgodzić nazwać kwiat czerwonym, pięknym, interesującym i tak dalej, ale wewnętrzne doświadczenie, któremu dolepiamy tę etykietę jest w pełni prywatne – niemożliwym jest dzielić się nim z kimś innym. Twoje doświadczenie czerwonego, na przykład, może być jego doświadczeniem różowego, czy nawet niebieskiego.) Odwróćmy jednak kierunek uwagi i od razu wstępujemy w dziedzinę Pewności. Tu i tylko tu, na poziomie beztwarzowej Twarzy i prawdziwej Natury, panuje doskonałe porozumienie, wieczna zgoda bez możliwości wzajemnego niezrozumienia. Nie można jej przecenić, ponieważ jest całkowitą zgodą w kwestii Czym my i wszystkie istoty *naprawdę* są. W świetle tej podstawowej zgody możemy sobie pozwolić na różnice dowolnego stopnia co do tego, czym *wydajemy* się być, co do naszego zewnętrznego wyglądu, naszych zewnętrznych przejawów.

W zasadzie zatem to podstawowe doświadczenie można dzielić, bez najmniejszego zniekształcenia jego istoty, z każdym, kto tego chce. W praktyce jednakże, potrzebne są odpowiednie środki przekazu. Na szczęście są pod ręką osiągając 100% skuteczność, a działają w przeciągu sekund. Angażują palec wskazujący i oko, które tu już użyliśmy. Ponadto autor i jego przyjaciele obmyślili w ciągu ostatnich dwudziestu lat mnóstwo innych – niektóre oparte na zmysłach innych niż wzrok, wiele z nich angażuje całe ciało i praktycznie wszystkie dostosowane do pracy w grupach dowolnej wielkości. (Szczegóły w ostatnich trzech książkach wypisanych na początku tej, jak również w posłowiu na końcu.) Tak wielka ilość bram prowadzących do naszej prawdziwej Natury ma wielką wartość – różne wejścia dla różnych temperamentów, kontekstów, kultur i epok – tak, czy inaczej, tylko chwilową. Wygodnie mieć kilka wejść do naszego domu, ale, gdy już tam jesteśmy, któż troszczy się o to którędy wszedł? Jakiekolwiek wejście do miejsca, którego faktycznie nie możemy opuścić, jest dobre. Nie ma dla nich żadnych ograniczeń.

Piąta i ostatnia właściwość, ten wgląd w swoją nicość jest zawsze gotów na każde żądanie, bez względu na nastrój; czymkolwiek się jest zajętym, w jakimkolwiek stopniu jest się czymś przejętym czy wyciszonym w danym momencie – faktycznie po prostu kiedykolwiek się tego potrzebuje. Inaczej niż z myślami czy uczuciami (nawet z tymi "najczystszymi" czy najbardziej "duchowymi") to jest dostępne w mgnieniu oka, po prostu trzeba zajrzeć i stwierdzić tu brak głowy.

Prześledziliśmy pięć nieocenionych zalet tego prostego wglądu i stwierdziliśmy, że jest absurdalnie prosty, całkowicie nie do zepsucia, niezmiernie głęboki, niespotykanie łatwy do dzielenia się z innymi,

4 Aktualne Znaczenie Tej Całej Historii

zawsze pod ręką. Niestety jest i druga strona tej wspaniałej monety, cały zbiór wad i przeszkód, które pokazało doświadczenie ostatnich dwudziestu lat. Niektóre z tych widocznych wad tego wglądu biorą się wprost z jego największych zalet. Na przykład dlatego, że jest on tak prosty i oczywisty, tak łatwo dostępny na każde żądanie, naturalny i zwykły, jest niezwykle łatwo nisko oceniać jego wartość, czy nawet odrzucić natychmiast jako rzecz pozbawioną znaczenia, zupełnie trywialną. Faktycznie, jego niezmierna głębia i duchowa moc jest prawie zawsze niedostrzegana, przynajmniej z początku. Jakże to, argumentuje się, realizacja tak tania (faktycznie darmowa), może być dużo warta? Łatwo przyszło, łatwo poszło. Jakiż to duchowy wysiłek włożyliśmy w to by zasłużyć na wartościowy dar? Poza tym, ta najtańsza z realizacji przychodzi do nas nie poparta mistycznymi listami uwierzytelniającymi, nie poparta wybuchem kosmicznej świadomości, ani ekstazą. Cóż jest w tym "himalajskiego"? Naprawdę myliłby się ktoś myśląc, że książka ta musiała rozpocząć się w scenerii tych gór ze wszystkimi podniosłymi duchowymi skojarzeniami, zakrywając tym samym podstawową przyziemność tego, co tam się zdarzyło. Widzenie swojej prawdziwej Twarzy z całą jej swojską prostotą, jest co najmniej tak samo łatwe w centrum ulicznego korku, czy publicznym szalecie, a dużo mniej prawdopodobne, że zostanie wzięte za jakiegokolwiek rodzaju osiągnięcie. W każdym razie konkretne doświadczenie – w przeciwieństwie do scenerii w której ma miejsce – okazałej czy posępnej – nie może być zachowane w pamięci i wyciągane od czasu do czasu by z miłością je oglądać – w ogóle nie może być zapamiętane. Jest TERAZ albo nigdy. Można je spotkać tylko w Bezczasowej Strefie. ‡To czym jesteś, nie ma, ani nie potrzebuje żadnego czasu, by w ogóle porównać się z czymkolwiek.

Nic dziwnego zatem, że widzenie Tego (co nie jest niczym innym jak świadomym byciem Tym), jest takim nagim, skromnym doświadczeniem. Fakt, że sprawia ono wrażenie "niereligijnego" i "pozbawionego uczuć", "rzeczowego", "prozaicznego" czy "zimnego naukowego dowodu" jest potwierdzeniem jego autentyczności. "Nic nie jest tu pomalowane na jaskrawe kolory, wszystko jest szare, skromne i nieatrakcyjne." Oto niezbyt entuzjastyczne komentarze, które wstępne wejrzenie w Nicość jest skłonne pobudzać, i słusznie. (Nasze cytaty pochodzą faktycznie od wybitnego eksperta zen D.T. Suzukiego, który opisuje doświadczenie satori, które jest tym samym, co widzenie naszej prawdziwej Twarzy, czy Natury Pustki.) Jeśli

‡ Aby sprawdzić, gdzie znajduje się ta Strefa, odczytaj czas pokazywany przez twój zegarek, który masz na ręku i dalej odczytuj go, w tym samym czasie zbliżając zegarek powoli do swojego oka – do miejsca, gdzie nie wskazuje już żadnego czasu, do miejsca, w którym nie ma żadnej rzeczy, która mogłaby przechodzić jakieś zmiany a więc i rejestrować czas, do miejsca, gdzie nikt nie pozostaje kimś, kto mógłby się urodzić czy umrzeć, obudzić się czy zasnąć, do miejsca należącego do „prawdziwego widzenia, wiecznego widzenia". W skrócie, do miejsca, w którym jesteś SOBĄ i na zawsze w swoim własnym Domu. (Czytanie tego może być podnoszące na duchu, ale nie pozostaje niczym więcej niż ideą, jeśli nasz mały eksperyment nie zostanie przeprowadzony w duchu, który ceni Oczywiste, tym wyżej kiedy jest śmiesznie oczywiste!)

4 Aktualne Znaczenie Tej Całej Historii

chodzi o zyskiwanie przez nas tego widzenia, czy w jakiś sposób osiąganie Tego, co ono odkrywa, jest to idea nonsensowna, bowiem jest to wgląd w To, czym my i wszystkie istoty odwiecznie są, Bezczasową Strefą, w której wszyscy żyjemy bez względu na zasługi i poza mistycznymi łaskami, czy ich brakiem.

Prawdą jest, że takie „defekty", czy „przeszkody" – w szczególności ta rzucająca się w oczy płytkość tego wglądu – nie są aż tak bardzo defektami, a jedynie początkowym nieporozumieniem, które wyjaśnia się dość szybko. Prawdziwa „przeszkoda" jest zupełnie inna i wygląda wyjątkowo poważnie. To to, że przytłaczająca większość ludzi, którym To zostało pokazane, których skłoniono na chwilę, aby spojrzeli w głąb i spostrzegli swoją bezgłowość w sposób, który pokazaliśmy (a ich liczba urosła już do pięciocyfrowej) zadowala się pozostawieniem tego na tym etapie. Dla nich (jeśli w ogóle jest to interesujące) jest to czymś odrobinę więcej niż intrygująca przygodą, niezwykłym sposobem patrzenie na rzeczy, albo po prostu dobrą zabawą, rodzajem przyjemnej gry dla dzieci, w każdym razie czymś nie mającym znaczenia w codziennym życiu. Nie jest czymś, co można by kontynuować, powtarzać czy studiować, a z pewnością nie praktykować. A zatem *nie odnosi żadnego efektu*. Dlaczego jednak ta niemal powszechna odmowa wzięcia poważnie tego, o czym zapewniają nas adepci, jest najlepszą z wiadomości, niosąca ze sobą niezmiernie praktyczne implikacje? W przypadku radośnie nie zainteresowanych, zadowolonych z siebie samych, tkwiących w swoich nie sprawdzonych poglądach i celach, odpowiedź jest oczywista. Jaka jest szansa, żeby to zmienić? (I jaką potrzebę, czy prawo mamy, żeby coś takiego przedsięwziąć? Poza tym, w każdym jest ukryty Ten, który wie, co może w danej chwili być z pożytkiem przyswojone, i który już teraz i na zawsze jest tym Oświeceniem, tym wewnętrznym Światłem w którym wszyscy żyjemy.) W przypadku oddanych sprawie poszukiwaczy, odpowiedź na to pytanie jest nieco mniej oczywista.

Któż z nas chciałby być znalazcą, skoro nasze poszukiwania tak znacząco, tak wzniośle porządkuje nam czas i chroni przed nudą, a to Nic, które jak mówią niektórzy leży na końcu naszych poszukiwań, wygląda z tej bezpiecznej odległości bardziej na otwartą groźbę, niż na ukrytą obietnicę? O nie! Mamy wszelkie powody, żeby pozostać zwykłymi poszukiwaczami! Nie jesteśmy oświeceni! Faktem jest, że w każdym z nas czai się egzystencjalny lęk, silny i jak najbardziej naturalny opór przeciwko temu, co wyraźnie wygląda na nagłą śmierć i anihilację. Cały ten przedłużany i często dogorywający wysiłek, wymuszany wszelkiego rodzaju presją społeczną, aby zawinąć tę pustkę, która tkwi wewnątrz i zbudować na niej kogoś właśnie w tym miejscu, twarz, która należy do kogoś (a nie do kogoś innego), należącą do kogoś odrębną osobowość, określoną postać, żeby zadowolić wszystkich wokół, przedstawiane jest (Boże pomóż!) nawet nie jak zapadający się domek z kart, ale (kwestionując, że to w ogóle się stało) jako przyczyna wszystkich naszych kłopotów! To naprawdę zła wiadomość dla tych, którzy jak się wydaje zadowalająco postąpili na ścieżce wiodącej poprzez „wąwóz doskonalenia duszy". Fundament całego przemysłu służącego wzrostowi osobowości wysadzany jest w powietrze przez prosty akt wglądu. Nic dziwnego więc, że niektórzy ludzie są wyraźnie wstrząśnięci, zakłopotani, czują się znieważeni, przerażeni, pełni obrzydzenia, źli, czasami agresywni, kiedy zaprasza się ich by spojrzeli w głąb i w jednej chwili wypłoszyli ten lęk. Nie jest to jedynie dorosły i społecznie wszczepiony lęk. Spójrzcie na przypadek Poppy, która w wieku 2 lat i 3 miesięcy już bała się swojej Pustki. § Naprawdę dziwne jest to, że ktokolwiek z nas – pomimo tego całego wewnętrznego oporu i zewnętrznego zniechęcania – w ogóle dochodzi do i widzi koniec tego dzieła zniszczenia. Zawsze tylko nieliczna mniejszość miała ten impuls, a ich liczba nie zdradza wielu oznak nagłego wzrostu. Czy są to naiwni, pozostający w kontakcie ze swoim beztwarzowym dzieciństwem, ci którzy nigdy nie wydoroślali, czy żałośnie niedostosowani, tak doświadczeni przez życie, że pewien rodzaj śmierci wydaje się wytchnieniem, czy wątpiący, dla których nasz język i poglądy – szczególnie te religijne – są wątpliwym, zbudowanym na chorych podstawach systemem mechanizmów obronnych przeciwko temu, co jest niewątpliwe, mianowicie naszej prawdziwej Naturze, czy dociekliwi, tak zależni od przekonania się samemu, że żadna cena nie jest zbyt wysoka, czy niezasłużenie obdarowani boską łaską? Czy są kombinacją tych typów? Wejrzawszy w swój przypadek czytelnik, czy czytelniczka ma całkiem sporo do wyboru.

Tak, czy inaczej (jakkolwiek to wyjaśnimy) okazuje się, że choć ten prosty wgląd jest *potencjalnie* wszystkim, czego się domagaliśmy (i czymś jeszcze), jest właściwie, prawie dla każdego, tylko jeszcze

§ Patrz strona 2

jednym doświadczeniem pośród miriad innych, które budują ludzkie życie. Nie mógłbyś nazwać go nawet pierwszym krokiem na Drodze, a jeśli mógłbyś, jest to ten rodzaj kroku, który się *nie liczy.* Niektórzy, jednakże, podążają dalej. Dochodzą do naszego Piątego Etapu.

(5) Praktyka Bezgłowości

Teraz zaczyna się "ciężki" etap, który jest powtarzaniem tego bezgłowego wglądu-w-niebycie- rzeczą, póki ten wgląd nie stanie się zupełnie naturalny i nieszczególny pod żadnym względem; do momentu, gdy cokolwiek robisz jest jasne, że nie ma tu nikogo, kto to robi. Innymi słowy, póki całe życie nie zostanie zbudowane wokół dwukierunkowej uwagi, jednocześnie zwróconej na Pustkę i na to, co ją wypełnia. Taką właśnie jest podstawowa medytacja tej Drogi. Jest to medytacja hałaśliwego rynku, faktycznie na wszystkie okoliczności i nastroje, choć użytecznym jest być może uzupełnienie jej okresami regularnej formalnej medytacji – na przykład, codzienne siedzenie w cichym miejscu i radowanie się tym wglądem, czy to samotne , czy (lepiej) z przyjacielem.

Mamy tu faktycznie medytację, która nie zmusza nas do podziału dnia na dwie nieprzystające do siebie części – czas odosobnienia i cichego skupienia, i czas zapomnienia o sobie, zanurzenia w zgiełku tego świata. Przeciwnie, cały dzień niesie ten sam nastrój i niewzruszoną jakość. Cokolwiek musimy zrobić, przyjąć czy wycierpieć może natychmiast obrócić się na naszą korzyść: daje po prostu dobrą okazję do spostrzeżenia Kto jest zaangażowany. (Żeby być bardziej ścisłym – absolutnie zaangażowany choć absolutnie niezaangażowany.) Krótko mówiąc, ze wszystkich form medytacji, ta jest pośród najmniej sztucznych i dokuczliwych i (gdy ma czas na to by dojrzeć) jest najbardziej naturalna i praktyczna. Jest też zabawna. To tak, jakby pozbawiona rysów Oryginalna Twarz przybrała uśmiech podobny do uśmiechu znikającego Kota z Cheshire!

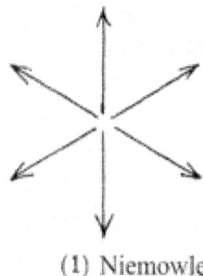

(1) Niemowlę

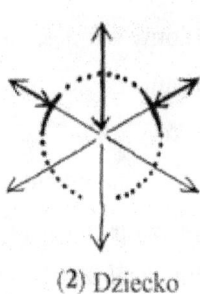

(2) Dziecko

Z początku ta podstawowa praktyka wymaga wielkiego wysiłku uwagi. Zwykle potrzeba lat lub dziesięcioleci, żeby dojść do podobnie mocnego i spontanicznego wglądu. Niemniej ta metoda jest zupełnie prosta i takie też jest jej użycie. Opiera się na zaprzestaniu niedostrzegania widza – czy raczej, nieobecności widza. Niektórym bardzo ciężko przychodzi ta praktyka przez bardzo długi czas. Inni – szczególnie młodsi, którzy poświęcili mniej lat i mniej wysiłku na budowę tej fikcyjnej osoby w centrum ich wszechświata – łatwiej się do niej przekonują. Tego można się było spodziewać: są przecież wciąż blisko Etapu (1), kiedy będąc dziećmi nie byliśmy jeszcze rzeczami dla samych siebie. Podobni zwierzętom, żyliśmy wtedy bez problemów opierając się nieświadomie na naszej naturze nie–rzeczy. Teraz naszym celem jest wrócić tam i żyć tak świadomie.

Ten zamiar jest inspirujący. To nic innego jak pływanie na cofającej się z całą mocą fali ewolucji – ewolucji samej 31 świadomości, poprzez prehistorię i historię, teraz będącej podsumowywaną w czyjejś własnej jednostkowej historii. ⁵ Jako zwierzę i niemowlę Etapu (1), byłeś nieświadomy samego siebie – wszystkie strzały twojej uwagi były skierowane na zewnątrz, *nie zauważałeś swojej obecności*. Jako dziecko na Etapie (2), byłeś prawdopodobnie naprawdę świadomy samego siebie od czasu do czasu. W tych chwilach kierunek uwagi również zwracał się do środka i trafiał w dziesiątkę. *Widziałeś swoją Nieobecność* – przypadkiem – taką jaką jest. Ale coraz więcej strzał mierzących w środek chybiało zamiast

---

⁵ Ściślej mówiąc, oczywiście, to nie sama świadomość – to świadoma Pustka – jest tym, co rozwija się przed nami, ale to, co ją zajmuje. Bezczasowa i absolutna świadomość, którą jesteś nie może być pomieszana z jej czasowym i względnym aspektem, jako że przyjmuje ona o odrzuca niezliczoną ilość funkcji, form i spełnień.

4 Aktualne Znaczenie Tej Całej Historii

przejść przez centralną Nieobecność–jakiegokolwiek–ciała. Utykały w peryferyjnej obecności bardzo ludzkiego kogoś. Jako dorosły na Etapie (3) i fałszywie samoświadomy wciąż kierowałeś swoją uwagę na tego nienamacalnego kogoś, na tę swoją ludzką postać, która z każdym dniem stawała się bardziej konkretna i wkrótce stała się twoim dowodem tożsamości, twoją tożsamością (sfałszowanym dokumentem, pomyłkową tożsamością). A teraz będąc widzącym na Etapach (4) i (5) znów jesteś prawdziwie Samo–świadomy, ale teraz penetrujesz ten krąg różnych obrazów siebie bardziej celowo i z większą konsekwencją, i zaczynasz spoczywać w Tym, czego są to obrazy, w twojej Rzeczywistości, która jest twoją prawdziwą Tożsamością, twoją Obecnością–Nieobecnością, twoim Jądrem i Źródłem, Coraz częściej twoja uwaga jednocześnie kierowana do wewnątrz i na zewnątrz trafia w cel. Stajesz się adeptem *dwukierunkowego* patrzenia – w tej samej chwili patrząc w Nie–rzecz (Nie–coś) i na zewnątrz na każdą–rzecz. Zmieniasz się w jednego z tych mutantów naszego gatunku – widzącego, pojawiającego się sporadycznie przez kilka ostatnich tysiącleci – który faktycznie znaczy drogę ku najlepszej szansie przeżycia gatunków. Tymczasem, dobrze sobie radzisz z naszą medytacją na życie, w świecie takim, jakim jest.

(3) Dorosły

(4) & (5) Świadek

W tym miejscu musimy zadać dwa ważne praktyczne pytania:
(i) Pierwsze. Na ile solidny i dobry jest stan naszej medytacji? Czy możliwym jest – po odpowiedniej praktyce – być jasno Samoświadomym przez cały czas i nigdy nie tracić z oczu tej Nieobecności właśnie tutaj? Ramana Maharshi zapytany o to dał wyjątkowo znacząca odpowiedź. Czasami, wyjaśnił, ta Samoświadomość jnani wysuwa się do przodu jak dźwięk sopranu w muzyce. Innym razem pozostaje w tle jak akompaniament basowy, którego prawie nie zauważasz, póki nie zaniknie – słyszałeś go cały czas, ale przytłumionym. Podnoszące na duchu jest to, że można ufać, iż prawdziwa Samoświadomość odpowiednio doceniona

i ugruntowana będzie funkcjonować na pewnym poziomie bez żadnego problemu i zbytniego skupiania się na rozmyślnym jej utrzymaniu. Jest to raczej podobne do bycia zakochanym. Nie adorujesz ukochanej osoby w mniejszym stopniu, jeśli przez kilka godzin nie przywołujesz jej, czy jego twarzy, czy imienia, liczy się oddanie, które tam jest przez cały czas, niezachwiane. Tak też jest z Samorealizacją. Kiedy już raz cię chwyciła, nie pozwoli ci odejść. Twoja prawdziwa Natura ma swój własny sposób na stawanie się coraz bardziej krzykliwie oczywistą, niezauważalnie przejmuje kontrolę. Każda próba wymuszenia na niej sztucznej, wyznaczającej cel, dyscypliny może jedynie utrudnić jej dojrzewanie, a nawet stać się rodzajem bałwochwalstwa – polowaniem na bezgłowość dla niej samej, próbą przemienienia tej Nie-Rzeczy w bardzo-poszukiwaną Jakąś-rzecz.

(ii) Drugie pytanie, to: na ile można zaufać, że nasza medytacja rozwiąże nasze problemy? Na ile efektywna jest jako psychoterapia?

Bezgłowa Ścieżka – w przeciwieństwie do tych, które łączą wschodnią duchowość z zachodnią psychoterapią – nie zajmuje się celową obserwacją procesów umysłu, czy psychologicznym badaniem jako takim, czy medytacją ukierunkowaną na uwolnienie stłumionych umysłowych treści, czy (dla tego celu) uspokojeniem umysłu. Raczej zgodna jest z linią Ramana Maharshi, który nauczał: „Chodzi o to, żeby należeć do Jaźni. Nie martw się umysłem." A Chuang Chen Chi, (w swoim cennym przewodniku Praktyka zen) wskazuje, że zen nie jest zainteresowany licznymi aspektami i warstwami umysłu, ale dotarciem do jego jądra, „bowiem utrzymuje, że z chwilą kiedy raz uchwyci się to jądro, wszystko inne stanie się względnie mało znaczące i kryształowo jasne." Oto nasze stanowisko: oczywiście jest ważne, aby nasze psychologiczne problemy – faktycznie, każda myśl i uczucie, które się pojawia – były widziane takimi, jakimi są, *ale zawsze razem z tym, Skąd pochodzą, kto je posiada. Nie wolno stracić z oczu ich Świadka.* Nie kwestionujemy wartości współczesnych technik terapeutycznych, tak czy inaczej naszą radykalną odpowiedzią na wszystkie problemy psychologiczne (jak i na wszystkie inne) jest dwukierunkowa medytacja – jednoczesne spoglądanie do wewnątrz, na tę absolutną, nieskalaną, wolną od zanieczyszczeń i bezproblemową Nicość i na zewnątrz, na wszelkie, jakkolwiek mroczne, problemy, które tam się pojawiają. Ich ostateczne rozwiązanie polega na zdecydowanym umieszczeniu ich poza Centrum, gdzie jest miejsce dla mrocznych rzeczy, nie zaś w próbach rozjaśnienia samego mroku. Żeby użyć niezrównanego Wschodniego obrazu, to niezwykle pocieszający fakt, że najczystszy i najsubtelniejszy z kwiatów – lotos oświecenia – kwitnie na najbardziej bagnistych nizinnych mokradłach, pośród błota namiętności i całej tej plugawej i głupiej treści umysłu, całego naszego zła i bólu. Oczyść bagna (cóż za nadzieja!), albo spróbuj przeszczepić lotos pośród aseptycznych wyżynnych śniegów wyrzeczenia się świata i ezoterycznej duchowości, a zwiędnie. Zen idzie jeszcze dalej mówiąc, że namiętności są oświeceniem a bagno jest lotosem.

Jak zawsze nasza metoda polega na poddaniu się temu, co oczywiste, ezoteryczne, zanim pośpieszymy z interpretacją i korektą – poddaniu się, które prowadzi do wciąż odnawianego odkrycia, że

4 Aktualne Znaczenie Tej Całej Historii

to co Dane nie potrzebuje naszej nerwowej manipulacji. Faktycznie, pokora w obliczu „wewnętrznych" i „zewnętrznych" dowodów (mianowicie, naszej doskonałej centralnej Rzeczywistości, absolutnie różnej od i pozostającej w absolutnej jedności ze wszystkimi tymi niezbyt doskonałymi psychofizycznymi manifestacjami, z jej miejscowymi przejawieniami i jej całością) jest wszystkim, czego potrzebujemy do wyzdrowienia. Ta dwukierunkowa uwaga, wolna od jednokierunkowej intencji, wystarczy, aby uwolnić nas ze wszystkich chorób. Ona odsłania Prawdę, która czyni nas wolnymi – wolnymi w Domu, gdzie nie ma żadnej rzeczy, czy sprawy, której ślady, czy piętno musielibyśmy akceptować, która by nas wiązała, czy która by szła źle i gdzie widok z okna w królestwo rzeczy i spraw, które wydają się iść źle, też jest w porządku. Tak, w doskonałym porządku, nieważne, jak groźnie wygląda ta scena, gdy Dom i jego bezpieczeństwo są niezauważane i niemądrze wyobrażamy sobie, że jesteśmy oddzielnymi osobami, osobnymi ego tam pośród tego wszystkiego strasznie narażeni na ryzyko. Tam nasze złudzenie egocentryzmu sprowadza niezliczone kłopoty na naszą głowę, tu, nasze odkrycie zerocentryzmu nie tylko chroni nas przed niebezpieczeństwem z ich strony – i głowę, i wszystko – ale całkowicie je zmienia. Widziany ze Źródła otaczający mrok zaczyna zmieniać się w Piękno, które jest poza pięknem i brzydotą, i w końcu nasze myśli, uczucia i uczynki spontanicznie mają swój udział w tym Pięknie.

Nasza dwukierunkowa medytacja jest prawdziwie radykalną psychoterapią – psychoterapią tak głęboką, że widoczne, znaczące rezultaty mogą pojawiać się na powierzchni niezwykle powoli.

Jednakże, jeśli jest wystarczająco wytrwała, z pewnością wydaje owoce – bardziej przypominające bonus, niż spodziewaną nagrodę – całkiem szczególne usprawnienia na tej „zewnętrznej" scenie, w zawalonym problemami królestwie naszego codziennego życia. Typowe objawy obejmują ożywienie zmysłów (unosząc zasłonę, która tłumi głośność dźwięków, przyćmiewa blask kolorów, zaciera kontury kształtów i przez którą z trudem przedostaje się cudowność promieniująca w „najbrzydszych miejscach.) i (idący w parze z przebudzeniem zmysłów) kompleks powiązanych ze sobą zmian psychofizycznych – włączając w to nieprzerwaną uważność całego ciała w miejsce przerywanej zlokalizowanej w okolicy głowy tylko (jak gdyby się było unoszonym w powietrzu do biegu w wyścigu swojego życia), redukcję stresu, szczególnie w okolicy oczu, ust i szyi (jak gdyby pozwolono im odejść), stopniowe obniżanie się środka ciężkości (jak gdyby utrata głowy oznaczała znalezienie serca, wnętrzności i stóp, które teraz są zakorzenione w Ziemi), uderzające obniżenie się rejonu czynności oddechowych (jak gdyby były czynnościami brzucha), i faktycznie ogólne zejście na ziemię (jakby wszystkie dobre rzeczy do których bezskutecznie dążyliśmy na wysokościach oczekiwały na nas na nizinach). I równoważące to obniżenie, ogólne uniesienie, zawierające w sobie poczucie wyniesienia w górę (jak gdyby się miało doskonale proste plecy i było się tak wysokim, jak niebo), nagły napływ kreatywności, zwiększenie energii i pewności, nowa i dziecięcą spontaniczność i skłonność do zabawy, a ponad wszystko lekkość (jak gdyby nie tyle leciało się z wiatrem, ale było

4 Aktualne Znaczenie Tej Całej Historii

samym wiatrem). I w końcu, być może, uspokojenie lęków, znacząca redukcja pożądania i złości, wygładzenie osobistych związków, większą zdolność do nieegoistycznej miłości, więcej radości. Być może! W zasadzie jednak – szczególnie po tym jak początkowe poruszenie i nowość Samorealizacji zostaną zasnute oczekiwaniami korzyści dla czyjejś ludzkiej natury – te korzyści są odbierane jako dość skromne, niejednolite i zmienne. Zewnętrzne owoce wglądu nie są nawet w przybliżeniu tak obfite, jak ktoś naturalnie by sobie życzył, dojrzewają powoli i nawet wtedy są prawdopodobnie bardziej widoczne dla innych, niż dla samego zainteresowanego. Często w ogóle nie ma się poczucia jakiegokolwiek postępu. Wtedy, równie dobrze, może rosnąć rozczarowanie, poczucie, że jest coś bardziej potrzebnego, dodatkowego do samego widzenia. I to przywodzi nas do następnego etapu naszej podróży.

(6) Realizacja

Musimy iść dalej, aby odkryć więcej o znaczeniu bezgłowości, jej wartości dla życia, jej drastycznych konsekwencji dla naszego myślenia, naszego zachowania i związków z innymi, naszej roli w społeczeństwie. Ten etap jest jeszcze mniej wyraźny niż inne, i w dużym stopniu ma tendencję do częściowego pokrywania się z innymi i faktycznie nigdy nie zostaje zakończony. Nie istnieje jakiś standardowy schemat. Wiele będzie zależało od osobistych zdolności, temperamentu i zakresu w jakim on lub ona będzie łączyć się z innymi i czerpać od nich pomoc. Oczywiście jest znacznie przyjemniej i łatwiej postąpić na tej Drodze i dokonać odkryć, które należą do tego etapu, w towarzystwie przyjaciela niż samotnie. Nie mniej jednak, ani samotność, ani żadne inne trudności nie powstrzymają nikogo i wszystko – zarówno właściwe książki, nauczyciele, warunki – będą towarzyszyć temu, kto jest wystarczająco zdeterminowany, by przeć naprzód. **

Nie tylko dyscyplina i oparcie, które daje grupa, ale również pełne wiary i często pokorne duchowe ukierunkowanie (nie zawsze świadome) dawane przez tego, czy innego z jej członków jest dla większości z nas niezastąpione. Tak czy inaczej, autor może zaświadczyć,

że kiedykolwiek brakowało mu (albo chciał zakładać, że mu brakowało) kogoś w rodzaju roshi, guru, spowiednika, czy duchowego przewodnika, jego wizja drogi naprzód była niepotrzebnie krótkowzroczna, a jego ścieżka wiła się.

„Niestety nie mam żadnych 'bezgłowych', czy 'widzących' przyjaciół!", narzeka świeżo upieczony adept „widzenia". Faktycznie ma ich wielu, jedynie ich nie zna. I wcześniej, czy później, przy odrobinie cierpliwości, może ich mieć, bowiem owo doświadczenie (jak widzieliśmy) jest doświadczeniem, którym najłatwiej się dzielić i co więcej, to doskonałe narzędzie komunikacji jest dosłownie na wyciągnięcie ręki. Nie powinien być zniechęcony, kiedy ludzie reagują negatywnie – bowiem aby odrzucić ten wgląd muszą oni najpierw przyjąć go i tym samym posunąć się o krok w kierunku momentu,

---

** W słowie końcowym do tej książki można znaleźć praktyczne wskazówki na temat tego, jak widzący może skontaktować się z innymi widzącymi.

kiedy pozwolą mu pozostać. Nie trzeba czuć się zagubionym, kiedy odpowiadają ciosem (na przykład argumentując, że to co zostało pokazane odnosi się jedynie do widzenia, i jakże może być przekonywujące – już nie mówiąc ważne – jeśli nie jest poparte przez inne zmysły i niemożliwe do zademonstrowania niewidomemu?) Z powodów, które rozpatrywaliśmy samo zasugerowanie bezgłowości jest dla wielu ludzi wielce obraźliwe i nie ma końca obiekcjom, które oni podnoszą. Nie przejmuj się: bezgłowość jest po to, żeby zawsze ją przeżywać, czasami się nią dzielić, prawie nigdy, żeby się o nią sprzeczać.

Na tyle na ile istnieje „odpowiedź" na ten szczególny zarzut dotyczący niewidomego, mogłaby przyjąć formę małego eksperymentu. „Stań się niewidomym" i „zobacz" czy jesteś bezgłowy, czy nie. Czy mógłbyś czytelniku uprzejmie to zrobić? Zamknij oczy i przez dziesięć sekund sprawdź, czy teraz masz najmniejszy dowód na istnienie jakiejś głowy zajmującej centrum twojego świata, jakiejś rzeczy tutaj, która ma jakieś dostrzegalne granice, kształt, rozmiar, kolor czy nieprzezroczystość – nie mówiąc już o oczach, nosie, uszach czy ustach. (Ból, swędzenie, czucie smaku itd. nie tworzą głowy, nie przypominają jej wcale.) Czy podobnie masz najmniejszy choćby dowód na istnienie ciała? Aby się upewnić, powiedz ile palców u nogi możesz naliczyć, mając zamknięte oczy porzuć swoją pamięć i wyobraźnię, i daj się ponieść temu, co jest dane w tej chwili.

Faktycznie, niewidomi przyjaciele autora zapewniają go, że dostrzegają z doskonałą jasnością nieobecność swojej głowy i ciała,

O Nieposiadaniu Głowy

i obecność ich prawdziwej Natury czy Przestrzeni dla wszystkiego, co jest doświadczane – włączając w to różnego rodzaju doznania „cielesne". Widzący nie ma na tej drodze realnej przewagi nad niewidzącym. Prawdziwe widzenie, wieczne widzenie, należy do każdego.

Dla nas wszystkich nasza dwukierunkowa medytacja jest w istocie taka sama, jakikolwiek zmysł rozwijamy. Ten układ jest zawsze dwustronny, ale absolutnie asymetryczny. Tamten śpiew ptaka wpada w tę Ciszę tutaj. Smak tamtych truskawek daje się odczuć w tle tego stałego Nie-smaku, tamten ohydny zapach powstaje w kontraście do tego ciągłego braku zapachu, tej Świeżości, i tak dalej. Podobnie nasze myśli i uczucia pojawiają się jedynie na tym czystym ekranie, który jest tutaj, a który zen nazywa Nie-umysłem, i nie zostawiają na nim żadnych znaków, kiedy znikają. Tak jak wtedy, gdy staję przed tobą, to twoja twarz prezentuje się mojej nieobecności twarzy tu – stajemy twarzą w nie-twarz – zatem, cokolwiek przyjmuję, muszę być od tego wolny. Aby zostać napełniona wodą filiżanka musi być pusta. Różnica jest całkowita. To nie znaczy, że zajęci naszą „medytacją" hałaśliwego targu, myślimy o tym wszystkim, kontynuujemy po prostu naszą pracę nie gubiąc kontaktu z naszą Nieobecnością.

Wychodzi na jaw to, ile różnych dróg wiedzie do Domu i jak niewidomy, podobnie jak niesłyszący są doskonale zdolni do podróży naszą Drogą. Jednakże, widzący są obdarzeni pewnymi środkami transportu, które nie dane zostały reszcie. (To nie powinno dziwić, nie bez powodu ci oświeceni są zwani widzącymi, a nie słyszącymi,

4 Aktualne Znaczenie Tej Całej Historii

wąchającymi, dotykającymi, a z pewnością nie myślącymi. Wzrok jest oczywiście królem zmysłów tutaj – kiedy kierowany jest równocześnie do wewnątrz i na zewnątrz, jest wrogiem numer jeden niejasnego, i arcy-odkrywcą Oczywistego.) W poniższym wyborze spośród wielu odkryć, które na nas oczekują (jeśli wydają się bardziej ziemskie – i czasami zabawniejsze – niż te duchowe, to tym lepiej dla nich!) będzie łatwo rozróżnić te mniej ważne, które są zależne od zewnętrznej wizji, od tych ważniejszych, które nie są.

(i) Z wyglądu jestem rzeczą poruszającą się w Przestrzeni. W rzeczywistości jestem samą niewzruszoną Przestrzenią. Idąc przez pokój patrzę *w dół*, a moja głowa (nie-głowa) jest tym nieskończonym i pustym Bezruchem w którym zwisają moje nogi i ramiona. Prowadząc samochód wyglądam na zewnątrz i moje ludzkie ciało (nie-ciało) jest tym samym Spokojem, w którym cała okolica jest tasowana jak gigantyczna talia kart. Wychodząc w nocy patrzę *w górę* i moje Ziemia-ciało (nie-Ziemia-ciało) jest tą samą ciszą, w której te ciała niebieskie kołyszą się i tańczą. (Nie, nie mogę tutaj znaleźć żadnej głowy, którą mógłbym kręcić to w tę to w drugą stronę.) W końcu z największą powagą staję się ślepym (zamykam oczy, tak mówią) i moje Wszechświat-ciało (nie-Wszechświat-ciało) jest tą samą bezgraniczną i pustą Ciszą, tym razem ukazującą się jako nieruchomy nie-Umysł, którego mentalna zawartość nie chce zatrzymać się nawet na chwilę. Poza tym powtórne potwierdzenie czyjejś prawdziwej Tożsamości, ten aspekt naszego poddania się Oczywistemu – naszemu dwukierunkowemu widzeniu, naszej medytacji na każdą pogodę – pozbawia pośpiechu „tempo współczesnego życia" lub raczej tego, kto myśli, że się spieszy. Nigdy nie ruszył się o cal. Cały jego niepokój był iluzoryczny. Ani nie potrzebuje, ani nie może nic zrobić, żeby się uspokoić – oprócz zaprzestania nie zauważania miejsca, w którym jest spokojny na wieki, gdzie Pokój, który ociera się o to całe zrozumienie jest tak wspaniale oczywisty sam w sobie. Ten upragniony spokój, który jak on sobie wyobrażał zawsze mu umykał, został odkryty dokładnie w jego środku błagając, *żeby go dostrzec!*

(ii) Podczas gdy dla innych (patrzących na mnie z daleka) wyglądam na ruchomą i ograniczoną ludzką rzecz, tutaj (patrząc na siebie bez dystansu) tak naprawdę jestem tą nieruchomą i nieograniczoną, i nie-ludzką Nie-rzeczą. Tą Nie-rzecz, czy Przestrzeń widzę wypełnioną najróżniejszymi rzeczami – kolorowymi, mającymi jakieś kształty, głośnymi, przyjemnymi i nieprzyjemnymi, namacalnymi i nie, itd. I paradoksalnie właśnie dlatego, że ta Przestrzeń jest absolutnie niepodobna i w najmniejszym stopniu nieskażona swoją zawartością, jest absolutnie tożsama z nimi. Ja w to nie wierzę, ja to widzę. Ta Przestrzeń jest rzeczami, które ją wypełniają. Ten Bezruch-Cisza jest ruchami i dźwiękami dla których jest tłem. *Będąc czymś, jestem jedynie tą rzeczą, będąc nie-rzeczą, jestem wszystkimi rzeczami.*

(iii) A wszystko to jest dane dokładnie tu. W ten sposób, że niebo, Słońce, chmury, drzewo, trawa, okno, dywan, zapisana strona, ręce, które ją trzymają – wszystko to jest obecne, w oczywisty sposób przedstawione mi tam, gdzie jestem i gdzie jest mój aparat fotograficzny, a nie tam, gdzie nas nie ma. Nie istnieje między nami żadna odległość. (Jak było wcześniej pokazane, jeśli ku nim wychodzę, stopniowo je tracę; co więcej, linię, która rozciąga się między nami, łączącą to miejsce z „najdalszym" obiektem, muszę odczytać jak bezwymiarowy punkt.) Konsekwencją tego jest to, że cały świat jest mój, a ja jestem niewyobrażalnie bogaty. I w dodatku ten rodzaj własności jest jedynym prawdziwym rodzajem. Bowiem jeśli tą małą stałą (i całkiem fikcyjną) rzeczą tutaj odcinam wszystkie inne rzeczy od przestrzeni, którą zajmuję, jestem najuboższym z biednych, a kiedy w tą bezgraniczną i pustą (i prawdziwą) Nierzecz czy Przestrzeń pozwalam im wejść, otrzymuję przesyłkę Wszechświata, mam i trzymam to wszystko. Nic dziwnego, że jest to tak nieodparte, takie natychmiastowe, takie *jasne!*

(iv) Jak to zatem jest, że wciąż widzę wszystko – począwszy od tych rąk a skończywszy na niebieskim niebie – jako będące tam zamiast tu? Albo jeszcze dziwniej, na oba sposoby? Na pewnym poziomie można powiedzieć, że ten trójwymiarowy świat jest tak wygodnym sposobem ujmowania danych, modelem, którego przydatności w walce o przetrwanie moje własne oczy (których fizjologia jest tak nastawiona na znalezienie głębi) są świadkiem. Na głębszym poziomie można powiedzieć, *że faktycznie to nie jest mój świat, tylko jego Świadka, który sam jest trójwymiarowy.* Tu we mnie – po mojej stronie tego wskazującego do wewnątrz palca, tej kartki, każdej rzeczy – rozciąga się otchłań. (To jej zawdzięczam szczęśliwy – i czyż nie paradoksalny – fakt, że rozgwieżdżone niebo choć już więcej nie odległe ode mnie ani na angstrem, jest, tak czy inaczej, bardziej czymś innym, bardziej przeraźliwie niebiańskim niż kiedykolwiek – pożyczając mu nieograniczoną odległość z moich nieograniczonych zasobów, pożyczam mu nieograniczony czar.) Tak, czy inaczej płaska kraina mojego dzieciństwa musiała odejść. Przez dzieciństwo i wczesny wiek dorosły *moją metodą było odpychać świat od siebie, aby nagrodzić go jego własną odległością.* Rezultat: straciłem go oczywiście. Stopniowo mój jego obraz stał się jednoznaczny z jego odrzuceniem i odrzuceniem przez niego, i rosłem coraz bardziej zubożony, samotny, odcięty, wyobcowany. Początkowa przydatność tej metody w walce o przetrwanie szybko przekształciła się w swoje przeciwieństwo i stała się (można by powiedzieć) zaletą w walce o wyginięcie. Lecz teraz, w końcu, jako ktoś obdarzony widzeniem dalszych etapów drogi, miast odpychać to wszystko, pozwalam temu wejść znów do środka, i świat jest niezgłębiony ponieważ ja jestem niezgłębiony. Zaostrzona z obu końców strzała mojej uwagi wskazuje jednocześnie w kierunku „zewnętrznego" świata rzeczy, który faktycznie zaczyna się i kończy dokładnie tu, i w tył, w kierunku „wewnętrznego" świata Nie–rzeczy, który faktycznie trwa bezustannie na zawsze. I są one jednym światem. Wszystko jest we mnie, wszystko jest moje, wszystko jest mną i znów czuję się dobrze.

(v) To co jest moją własnością działa na moją korzyść a nie przeciwko mnie. Jeśli Wszechświat jest mój, powinien zachowywać się w taki sposób, jaki ja tego pragnę. Cóż, prawda jest taka, że podobnie jak lustro, ta Objętość czy Pustka, którą jestem nie ma sposobu aby odmówić niczemu, co zawiera, bez żadnych preferencji, czy ulubieńców. Musi poddać się wszystkiemu, co się pojawia. Nie ma wyboru i dlatego (jak stopniowo stanie się jasne, gdy będziemy szli dalej) jest odpowiedzialna za wszystko, co się pojawia. Niczego nie pragnie i pragnie wszystkiego.

(vi) Nawet moje własne działania stają się akceptowalne. Najgłupsze moje błędy w jakiś sposób przestają być błędami. A ponadto, cokolwiek robię – począwszy od zmywania naczyń poprzez kierowanie samochodem, czy myślenie na temat tego paragrafu – stwierdzam, że robię to gorzej, gdy wyobrażam sobie w tym miejscu kogoś obdarzonego głową robiącego to, a lepiej, gdy go pożegnam. Świadome życie oparte na prawdzie Nie-jestem-żadną-rzeczą dużo lepiej się sprawdza, niż życie oparte na kłamstwie o rzeczy-którą-nie-jestem – co zresztą wcale nie dziwi.

(vii) To wszystko jest kwestią ustawienia rzeczy wedle ich wagi i nie tracenia nigdy kontaktu z TYM. Kiedy jako osoba *wprost* dążę do tego, by wyjść życiu naprzeciw i w nie się zaangażować i prawdziwie się z nim zjednoczyć, faktycznie jestem wyobcowany, od niego oddzielony, jestem jego bezwolną ofiarą. Natomiast, gdy cel mój jest *pośredni* – poprzez uświadomienie sobie Nieobecności tutaj tej osoby, która szuka zaangażowania – dlaczego wtedy nie znajduję się po prostu w świecie, *w łączności* z nim a rozkoszuję się doświadczaniem bycia nim. Jestem na wolności, przyjmując ten świat, *oświecony* (jak to ślicznie ujmuje mistrz zen Dogen) *przez wszystkie istoty*. Oświecony tym, czym wydają się być, jak i Tym, czym są.

(viii) Zaczynam zdawać sobie sprawę z tego, że ten mój wgląd w tę Nieobecność tutaj, nie jest wglądem *w moją* Nieobecność, lecz każdego. Widzę, że ta pustka tutaj jest wystarczająco duża by pomieścić wszystko, że to jest Ta Pustka. W istocie, jesteśmy jednym i tym samym, inni nie istnieją. Konsekwencją tego jest to, że cokolwiek komuś robię, robię to sobie i cokolwiek komuś się zdarza, zdarza się to mnie. To fakt, który muszę potraktować bardzo poważnie. Nazwij to bezwarunkową miłością, współczuciem, czy naprawdę szczodrym sercem – bez tego i wypływającego z tego spontanicznego życia, mój wgląd jest wielce dyskusyjny.

(ix) Wgląd w świat Nie-rzeczy jest świadomie połączony ze Źródłem wszystkich rzeczy, z początkiem Początku i mocami twórczymi Twórcy, z miejscem, z którego pochodzą wszystkie spontaniczne uczucia i działania, i to co nowe i nieprzewidywalne. I jak zawsze nie o to chodzi, aby w to wierzyć, ale sprawdzić. Spójrz i zobacz dokąd zabrnąłeś!

(x) To widzenie jest powrotem do Domu, do jedynej bezpiecznej przystani, do naszego ojczystego kraju (w pełni znanego a przy tym niewyczerpanie tajemniczego) do tego, co jest godne zaufania. To też można sprawdzić, w każdym momencie dnia i każdego dnia. Tych dziesięć spośród niezliczonej liczby osiągnięć czeka na podróżnika na tym etapie podróży. Prowadzą one do, są dowodem, pogłębiania się i dojrzewania jego, czy jej bezgłowości albo (ujmijmy to lepiej) są efektem działania tego, co cały czas było ukryte w tej wizji. Wyróżniającym się spośród wielu osiągnięć – wielostronny duchowy postęp nieodłącznie obecny w naszym Etapie (6), ale nie ograniczony tylko do niego, domaga się w tym miejscu szczególnej uwagi. Jest to doświadczenie *nic nie wiedzenia*, głęboka i wszystko obejmująca ignorancja. Istotnie „Jestem niczym" pociąga za sobą „nie wiem nic",

4 Aktualne Znaczenie Tej Całej Historii

bowiem, co oczywiste, *poinformowane* nic nie jest niczym, ale czymś, formą a nie pustką.

To doświadczenie niewiedzy ma dwa ważne różniące się od siebie aspekty:

(1) Pierwszy, to porzucenie naszego założenia, że *oczywiście* rzeczy są i muszą być takie, jakie są. Jest ono porzuceniem naszej dorosłej, wyrafinowanej pewności światowca o tym, że (jak to się mówi) znamy to wszystko, że nie ma nic nowego pod Słońcem, że mamy to wszystko na taśmie, że „och!" jest dziecinne, a ziewające „no i co z tego?" jest dorosłe. (Podnieś nieoczekiwanie swój mały palec, mrugnij okiem, zauważ gościnność z jaka odnosisz się do tych drukowanych kształtów i tych dźwięków – swą jaskrawość zawdzięczają głębi i czystości miejsca, które im dajesz – i przyznaj, że nie masz pojęcia w *jaki sposób* robisz te i miliony innych cudów.) To rodzaj globalnego zapomnienia, pranie naszego zakurzonego świata, zmywanie nagromadzonych warstw złożonych z nazw, wspomnień, skojarzeń i pozostawienie go zupełnie nieznanym, świeżym i słodko pachnącym. To koniec brania wszystkiego bez kwestionowania – na wiarę. To odkrywanie na nowo tego, co oczywiste, jako tego, co obce i nieznane, tego, co bezpośrednio dane, jak czegoś cudownego i cennego nim nagniemy to do naszych celów. To uznanie piękna, które zawsze tu było. To właściwe *patrzenie* na „najzwyklejszy" kamień i opadły liść, na „najohydniejszy" śmieć, na takie „nieważne" rzeczy, jak kolory i kształty cieni i odbicie kolorowych świateł miasta w mokrej drodze nocą (których nie zauważaliśmy do tej pory, bo nie jeździliśmy wśród nich). To świadome bycie tym, czym naprawdę

jesteśmy – miejscem dla rzeczy – Przestrzenią do której każda z nich ma wolny wstęp i do której wchodzi na swój sposób doskonała. To świadome patrzenie na każdą rzecz z jej Źródła, powtórne łączenie jej z Nieskończonością, która leży *po tej* jego stronie. To widzenie, słyszenie, wąchanie, dotykanie rzeczy jakby po raz pierwszy, uwolnione od przytłaczającego ciężaru czasowej przeszłości. To ożywienie i poszerzenie naszego dziecięcego zdziwienia. To bycie obecnym o świcie stworzenia świata, zanim Adam nazwał wszystkie istoty i znudził się nimi. To widzenie ich okiem Stwórcy jako bardzo dobrych. W języku zen, ponownie, to „bycie oświeconym przez wszystkie istoty", bo nie ma tu nic, co mogłoby zachmurzyć ich światło.

Ten stan niewiedzy nie ma granic. Rozciąga się ponad to, co postrzegamy do tego, co czujemy i myślimy. To koniec wiedzy na temat tego, jak radzić sobie z życiem, o tym dokąd zmierzamy, o tym co robić po tym jak to nie znoszące zwłoki zadanie zostanie wykonane, o tym, co zdarzy nam się jutro, w przyszłym tygodniu, w przyszłym roku. To stąpanie jeden krok na raz z zawiązanymi oczami będąc pewnym, że ta Przestrzeń tutaj, która jest niczym i niczego nie zna tylko samą siebie, tak, czy inaczej nie zawiedzie, chwila za chwilą, przynosząc to, co potrzebne. To życie podobne liliom na polu nie zaprzątnięte myślą o jutrze, ufające naszemu Źródłu. (Oczywiście może być to użyte jako wymówka dla uników, ale kiedy przeżywane, jest wejściem do środka i daniem życiu wszystkiego, co możemy, włączając w to i planowanie, jeśli jest konieczne.)

4 Aktualne Znaczenie Tej Całej Historii

Po życie w stanie niewiedzy i tą jego niezwykłą radość i użyteczność nie można sięgać bezpośrednio. Można je mieć jedynie poprzez rezygnację z jakichkolwiek roszczeń kierowanych w ich stronę i myśli o ich kultywowaniu. Jednakże można liczyć na to, że przybędą w odpowiednim dla nich czasie, zakładając, że będziemy towarzyszyć ich tłu, Nicości obecnej tutaj. Szukaj najpierw tego najuboższego z Królestw (Królestwa wewnątrz), a wszystkie te piękne rzeczy zostaną dodane, szukaj ich, a zostaną zabrane. Pozostańmy z tą Pustką, którą tak dobrze znamy (i nie znamy), a ona zatroszczy się o zawartość, której w ogóle nie znamy, ale która okaże się być dokładnie tym, co jest potrzebne w tym momencie.

Dlaczego powinniśmy ufać, że zawsze nadejdzie z odpowiednią odpowiedzią, jakkolwiek nieodpowiednia może się obecnie wydawać? Dlaczego powinniśmy ufać Jej *absolutnie*? Jeśli nasze doświadczenie nie dało nam jeszcze nieodpartych racji do tego, spójrzmy teraz na to, co jest Jej najwspanialszym, najznakomitszym, budzącym zaufanie, zaskakującym (choć, gdy raz ujrzanym, najbardziej oczywistym) osiągnięciem.

(2) Drugim aspektem tego bycia niewiedzącym, nie jest kwestionowanie naszych założeń, że rzeczy muszą oczywiście być takimi jakimi są, czy tym czym my je czynimy, ale kwestionowaniem samego ich istnienia! Dlaczego istnienie ma istnieć? Różnica między tymi dwoma rodzajami nieznanego jest niezmierna – przynależą do różnych klas. Pierwszy, traktuje jak Cuda rzeczy, których jesteśmy świadomi. Drugi, widzi Cud w świadomej Nierzeczy z której one

pochodzą. Pierwszy jest stosunkowo łagodny, zmieniający się wciąż, jest sprawą stopnia. Drugi jest powalający, jest wglądem typu wszystko-albo -nic, nie dalekim jak każdy inny. Kluczem do tego jest mała litera, a leży on w odległości pomiędzy słowami *czym* i *że*. To, *CZYM jest rzeczywistość* przestaje w ogóle być ważne, to *ŻE rzeczywistość* jest staje się najważniejsze. Ludwig Wittgenstein napisał: „To Czym są rzeczy w świecie jest zupełnie obojętne w porównaniu do tego, co jest wyżej. Bóg nie ujawnia się w świecie ... . Nie to jest mistyczne, czym są rzeczy w świecie, ale to, że on istnieje". Co rozszerzyłbym do: prawdziwie mistycznym faktem jest to, że Bóg – alias Samoświadomy Byt – istnieje, a poza tym istnienie jego świata jest stosunkowo mało znaczącą sprawą.

W tym miejscu będę musiał nawiązać do swojej uproszczonej autobiografii. Nie mogę oczywiście pamiętać wczesnych epizodów w moim ciągle przerywanym (ale trwającym całe życie i pełnym uczucia) romansie z Tajemnicą Istnienia. Tak, czy inaczej następująca rekonstrukcja tej czteroetapowej przygody – uwieńczona odkryciem pełnego znaczenia i wartości „nieposiadania głowy" jest najlepszym sposobem przekazania jej ducha, faktycznego jego posmaku.

(i) Jestem młodym nastolatkiem. Rozmawiam z moim starszym przyjacielem:

DH: W porządku, Bóg stworzył świat, ale jak on sam tam się znalazł? *Kto stworzył Boga?*

Przyjaciel: Nikt. On sam siebie stworzył.

DH: Jakże on mógł to zrobić? Niczego nie było, kompletna pustka, i nagle – BUM! – i oto jest? Musiał być *zdumiony!* Niemalże słyszę

4 Aktualne Znaczenie Tej Całej Historii

go jak krzyczy: „Patrzcie, właśnie powołałem się do istnienia! Czyż nie jestem *zdolny?*"

Przyjaciel: Nie masz za grosz szacunku. Bóg jest tak potężny, że był zawsze, zawsze *musiał* być. Dlaczego miałby być zdumiony swoim własnym istnieniem? To jego natura.

DH: Cóż, myślę, że musiał dostawać gęsiej skórki za każdym razem, kiedy zdawał sobie sprawę z tego, czego dokonał – stworzyć siebie ot tak z powietrza (nie jako śpiącą kupę czegoś tam, ale w pełni świadomym) bez żadnej zewnętrznej pomocy! To już nawet nie magia, to po prostu niemożliwe! Poza tym mógł zrobić cokolwiek: miliony kompletnych światów z rękami założonymi do tyłu.

Przyjaciel: Nie rozumiesz. *Musi* być Ktoś, kto stwarza wszystko.

DH: Ale nie ktoś, kto stwarza Siebie! *On* nie musiał się zdarzyć. Mógł się za to nie zabierać. Ale jeśli już *musiał* się zdarzyć, musiał być tam Ktoś jeszcze w tle, kto spowodował, że on się zdarzył, co znaczy, że on sam nie jest Bogiem. Prawdziwy Bóg jest tym kimś innym znów zajętym stwarzaniem siebie!

Przyjaciel: (zabierając się do wyjścia) Te rzeczy, to nie nasza sprawa. Bóg i początek są tajemnicami i nie my jesteśmy przeznaczeni do tego, aby je badać. Tajemnicami dla nas oczywiście, ale nie dla niego.

DH: (do siebie) W takim razie, dlaczego uczynił mnie badaczem? Wciąż myślę, że to zabawne, szczególnie zabawne, że w ogóle jest ktokolwiek i cokolwiek. Nie powinno być po prostu nic! Ani odrobiny, ani ukłucia, ani płomyczka świadomości.

(ii) Jest kilka lat później. Teraz, już dorosły – lecz nieświadomy swojej bezgłowości – rozmyślam dalej nad przedmiotem bytu samego w sobie, który nie daje mi spokoju. To Bóg we własnej osobie jest arcyniewiedzącym! Bóg (czy jakkolwiek go czy ją nazwiesz, jest Nie-rzeczowością i Źródłem, i Świadomością, i Bytem) nie może w żaden sposób zrozumieć, jak udało mu się samodzielnie wyciągnąć się z pustki nieistnienia, jak obudził sam siebie z najgłębszego ze snów, z tej długiej bezsennej nocy. Zrozumienie siebie pociągałoby za sobą ustawianie się pod sobą samym jako podstawą w nieskończonej bezskutecznej regresji. Absurd i samoprostujące się skrzywienie! On *uwielbia* być absolutną tajemnicą dla samego siebie. Bóg, który miałby się wiecznie nagranego na taśmie cierpiałby wieczną nudę. Ta boska ignorancja nie jest w żadnym razie niedoskonałością jego natury. Wprost przeciwnie: to powód dla którego stoi on zawsze w pełnym zachwytu przerażeniu samym sobą ponad wszelką miarę. To powód jego bardziej niż ludzka pokory, jego drżenia w obecności swojego własnego niewypowiedzianego majestatu, jego zawrotu głowy, gdy spogląda w swoją własną bezdenną głębię. (Tylko my, zadufani w sobie ludzie, jesteśmy dostatecznie próżni, by utrzymywać, że Byt jest naszym naturalnym prawem, jakbyśmy go mieli w kieszeni, przyjętym jako coś oczywistego, jak gdybyśmy mieli to podawane regularnie na śniadanie!) I kiedy w końcu nasze śmieszne roszczenia okazują się bezzasadne, jest to najlepszym powodem dla naszej jego adoracji, ale również dla bezgranicznej ufności i optymizmu. Po tym wstępnym i jedynie realnym Cudzie, jakiż inny może być brany

4 Aktualne Znaczenie Tej Całej Historii

poważnie pod uwagę? Wszystko jest możliwe dla Tego, kto osiągnął Niemożliwe. Ten, kto posiadł wielką wiedzę, którą jest bezsprzecznie wiedza o tym jak być i jak nie być, nie jest partaczem. Jego świat nie zmierza w złym kierunku. Wszystko jest w porządku.

(iii) Doszedłem teraz do moich wczesnych lat trzydziestych i „straciłem głowę". W rezultacie tego moje dziecięce i młodzieńcze dociekania na temat Bytu zaczynają nabierać nowego wymiaru. Natykam się z radością na oświecające i inspirujące powiedzenie Św. Jana od Krzyża: „Ci, którzy najdoskonalej znają Boga, widzą najjaśniej, że jest on doskonale niezrozumiały." I to prowadzi do zaskakującej myśli: to, co uprawomocnia naszą wiedzę o nim (jako całkowicie nie pojmowalnym), to, co czyni z niej wiedzę prawdziwą, to to, że jest to naprawdę jego wiedza o sobie samym działająca w nas. Bo to nie jest tak, że te małe nieprzezroczyste, obdarzone głową, zbyt ludzkie istoty, którymi jesteśmy zostały oszołomione, zbite z tropu przez Cud Samostworzenia, ale Sam Stworzyciel. (Bynajmniej nie grzęźniemy tu w iluzji naszej duchowej wielkości! Wprost przeciwnie, pozbywamy się, jako nonsensownych, wszystkich naszych roszczeń do *osobistej* boskości. Prawdziwą arogancją, prawdziwym bluźnierstwem jest udawanie, że w ogóle ta ludzka istota, *taką jaką jest*, może wspiąć się na przyprawiającą o zawrót głowy wysokość z której można zobaczyć Boga. Nie mówiąc już nic o tej niejasnej pretensji, że ten ludzki „byt" na swoim własnym poziomie ma jakiś własny byt poza Tym, który jest.) Zdumiewającą rzeczą (i jednocześnie nieskończenie wynoszącą w górę i nieskończenie uczącą pokory) jest to, że nasz zdumiony zachwyt, jego osiągnięcie, jest niczym innym jak jego własnym zdumionym zachwytem – rzeczą prawdziwą a nie jej odbiciem, czy udziałem w niej. Na tym poziomie po cóż mu inni aby się tym dzielić?

(iv) W końcu świta we mnie ostateczna (i w końcu doskonale oczywista) prawda. Samostworzenie nie jest niemożliwą sztuczką, którą udało się komuś zrobić, gdzieś daleko, raz na zawsze, bardzo dawno temu, lecz ma miejsce tu i teraz! To niemożliwe jest doświadczane, niewyczerpalne i zawsze obecne. Tu w tym lekceważonym, mówią mi malutkim, niezauważanym miejscu, rzekomo zakorkowanym głową, *odbywa się cały ten dziko ekstrawagancki dramat Samostworzenia, jak gdyby po raz pierwszy* (omiń „jak gdyby"!) *z całą jego pierwotną cudownością, właśnie w tym momencie!* Tu i teraz, ta cała rozwalająca głowę tajemnica – ten krzyk „JESTEM" jest moim krzykiem, jest moją tajemnicą, jest moją Jaźnią. Muszę to przyjąć. Dokładnie tu i teraz nie mogę już dłużej unikać swojej odpowiedzialności za samo Bycie – nie mówiąc już o tym wszystkim, co jest. Gdyby tu w samym centrum mojego wszechświata byłby jakiś przedmiot, mały gęsto upakowany i niezwykle osobisty, skrzynka pełna nerwowych zwojów i procesów, byłoby szaleństwem zakładać, że taka zabawna rzecz mogłaby objąć znaczenie kosmosu i jego źródeł i całą tajemnicę Bytu! Na szczęście dostrzegam, mógłbym powiedzieć, że to Bezgłowe miejsce dostrzega, że będąc absolutnie nie zajętą niczym i rozciągającą się nieskończenie Świadomością, idealnie nadaje się do tego ogromnego zadania. To jej właściwe zadanie. Co więcej, mogę być pewny, że to najnędzniejsze choć jednocześnie najznakomitsze, najbardziej prywatne i jednocześnie najmniej prywatne, najbliższe i najlepiej znane choć najmniej znane ze

4 Aktualne Znaczenie Tej Całej Historii

wszystkich miejsc, zawiera w sobie dużo więcej, niemierzalnie więcej, niewyobrażalnie cudownych niespodzianek. Kto mógł przypuszczać, że utrata zwyczajnej głowy oznaczać może zyskanie takiego domu skarbów? Jednakże właśnie to bogactwo możliwości, nieskończone zasoby tej Jaskini Alladyna mogą stać się powodem frustracji, obawy, że mimo wszystko jesteśmy na zawsze skazani na poszukiwanie, nigdy nie gotowi na wejście w jego posiadanie, zawsze z poczuciem braku czegoś ważnego, zawsze na krawędzi tego odkrycia. Lecz ta obawa pojawia się tylko, o ile tracimy z pola widzenia Samą Jaskinię. To, co jest tak płodnym Przezroczystym Źródłem i Wszechobejmującą Przestrzenią i prawdziwym Końcem wszystkich osiągnięć, naszą prawdziwą, wieczną i pozbawioną natury Naturą. Oni się urodzili, To jest nienarodzone. Oni przychodzą i odchodzą, przybywają i ubywają, To nigdy się nie zmienia. Oni zbudowani są z myśli i uczuć, To jest od nich wolne. Ani nawet najwspanialsze z tych osiągnięć, ani nawet sam cud Samostworzenia [††] nie jest Rzeczywisty w takim sensie w jakim To jest rzeczywiste. I żadne z nich nie jest po to, żeby się go

---

[††] *Ewangelia Egipcjan* odwołuje się do „samostwarzającego się Doskonałego Bytu, który nie jest poza mną", a *Tripartite Tractate* mówi o niewysłowionym, który „zna siebie takim, jakim jest, mianowicia, jako tego, który zasługuje na swoje własne uwielbienie i cześć, szacunek i chwałę siebie samego, *ponieważ stwarza samego siebie*." Gnostyczni autorzy tych wersów żyli około II–III w. n.e. W 1657 katolicki Angelus Silesius przedstawia Boga jako „klęczącego i kłaniającego się samemu sobie" Jest zdumiewający ponieważ „pragnie tego, czym jest i jest tym, czego pragnie, bez żadnego celu i przyczyny."

uchwycić, czy na nim uwiesić. Lecz każde jest do wzięcia takim, jakim się ukazuje, z czcią, jako, że każde niesie ze sobą moc swojego Źródła i jest doskonale odpowiednie do czasu i okazji w którym się pojawia. Faktycznie, w żaden sposób nie dotarliśmy do końca tych wielkich osiągnięć, które znaczą etapy Bezgłowej Drogi. Wciąż mamy wiele do przejścia tym traktem. Co więcej, dalsza droga ma właściwie stać się trudniejsza. Wyłania się potężna Bariera ...

(7) Bariera

Nieistotne jest, jak dalece rewolucyjne są odkrycia poczynione w Fazach (5) i (6), albo jaką stanowią wartość dla codziennego życia, w końcu i tak pozostawiają wędrowca całkowicie niezaspokojonym. Pozostaje jakiś ból, nieokreślona tęsknota. Pomimo całego tego, zupełnie autentycznego, „postępu", jakiś region o wielkim znaczeniu pozostaje niezbadany lub co najmniej nie w pełni spenetrowany. To mroczna i niebezpieczna kraina zamieszkana przez potwory i nie można jej obejść. Jest to rejon działania woli. Tu, na marginesie tych oświecających wydarzeń, pracuje wciąż nie nawrócone ego, pracuje w pocie czoła z energią większą niż kiedykolwiek. I tak dochodzimy do Etapu (7) naszej Drogi, który wygląda bardziej na ślepą uliczkę, czy trudność nie do przebycia, niż na to czym jest w istocie – etapem prawdziwej próby, bolesnym, ale koniecznym.

Jest wielkim zawodem i prawdopodobnie niszcząco działa odkrycie, że czyjś doskonale czysty i prawie machinalny wgląd w to Nic tutaj (poparty przez te wszystkie podnoszące na duchu kroki rozwojowe, które wymieniliśmy wcześniej) może iść w parze ze

4 Aktualne Znaczenie Tej Całej Historii

ślepotą na jakieś masywne Coś tutaj, mianowicie na czyjąś osobistą wolę, czy ego. Wygląda to tak, jakby czyjeś oko (postrzeganie) i głowa (myślenie) zostało otwarte i zalane światłem, podczas gdy serce i wnętrzności pozostały w części zamknięte i ciemne. Jakby ktoś był połowicznie oddany – wyższa część całkowicie, podczas gdy niższa może dziko protestować. Do pewnego stopnia te „wyższe" i bardziej świadome rejony pełnej osobowości poróżniły się i odcięły od tych „niższych" i mniej świadomych poziomów. (W tej sytuacji może to gorsze niż w przypadku „nieoświeconej" osoby, która na wszystkich poziomach jest oddana swojej fikcyjnej rzeczowości unikając w ten sposób wewnętrznego rozszczepienia.) Rezultat: rosnące niewyjaśnione napięcie, może nawet poważna depresja, uczucie własnej bezwartościowości, powierzchowności. Nawiedza nas okropna myśl: czy cały ten duchowy „postęp", cały ten wysiłek wiodący do tej bariery nie był stratą czasu, a może nawet oszustwem?

Możemy reagować na różne sposoby. Głęboko zniechęceni możemy odwrócić się ze smutnym uczuciem, że ta droga zwykłego widzenia nie jest wcale taka bezpośrednia, a raczej daleko bardziej nierówna niż obiecywała być. Zatem opuszczamy ten pustynny szlak i próbujemy innego, lepiej utwardzonego, bardziej popularnego i bardziej malowniczego traktu, rezerwując być może tę, czy inną duchową wycieczkę z przewodnikiem, które są w ofercie. Ta reakcja jest powszechna i zrozumiała.

Mniej powszechną reakcją jest zatrzymanie się w tym miejscu i użycie, kultywowanie specjalnych mocy, tak zwanych *siddi*, które pojawiły się wraz z wglądem, czy bezgłowością, stosując je do ograniczonych (choć nie zawsze jedynie osobistych) celów, celów, które – jakkolwiek uzasadnione i wzniosłe – są faktycznie stawiane przez oddzielne ego. Właściwie nie ma żadnej drogi opartej na ego, która wyznacza duchową drogę opartą na ego! Szatan uznawany jest za najbardziej oświeconego ze wszystkich aniołów. Jedyną rzeczą, której mu brakuje do duchowej doskonałości, to pokora, porzucenie swego ja. Jest to niewątpliwe, nie mniej niż mit o głębokim znaczeniu. W każdy razie to ego w nas jest wystarczająco diabelskie i zdolne do niekończących się zwodów.) Na przykład, pojawiają się jak grzyby po deszczu, dziś jak i w przeszłości, różnego rodzaju uzdolnieni duchowo adepci, cudotwórcy, magicy, przywódcy kultów na szeroką skalę, którzy poszukują (czasami ze spektakularnym, choć tymczasowym, powodzeniem) sposobu wykorzystania Tego, czym są, aby wylansować to, czym nie są – mianowicie swoją fałszywą jaźń, swoje ograniczone cele, swoją władzę nad innymi, w skrócie – swoje ego. ‡‡ W najgorszym wypadku jest to droga do duchowego

---

‡‡ Cechą tego rodzaju przywódcy jest to, że zamiast naciskać na to aby jego wyznawcy wejrzeli w swoje najgłębsze Zasoby i zgodnie z nimi wzięli odpowiedzialność za swoje życie, zachęca ich do tego aby patrzeli na niego i na nim polegali. Może wyjaśniać, że przekazanie mu przewodnictwa, zewnętrznemu guru, jest pierwszym krokiem do powierzenia kierownictwa ich wewnętrznemu Guru, ich prawdziwej Jaźni, ale w praktyce ten drugi krok – który wymaga radykalnego zwrotu – może być coraz trudniej im wykonać, kiedy mijają lata i miesiące oddania. Z drugiej strony, jeśli guru naprawdę chce, żeby jego uczniowie uwolnili się od niego tak szybko, jak to tylko możliwe i

samobójstwa. W najlepszym, kusząca boczna ścieżka, która na jakiś czas odciąga uwagę więcej niż kilku podróżnych.

Prawdziwa droga wiedzie wprost w kierunku i w końcu poprzez Barierę, którą nasza zachodnia tradycja nazywa Ciemną Nocą Duszy. O niej to Evelyn Underhill (ekspertka) pisze: „Jaźń w swoim pierwszym czyśćcu oczyszcza lustro percepcji, choć w swym oświeconym życiu widziała już Rzeczywistość... Teraz, ma być Rzeczywistością, a to duża różnica. Do tego potrzebne jest nowe i bardziej drastyczne oczyszczenie – nie organów zmysłowych, ale samej kaplicy jaźni, tego „serca", które jest siedzibą osobowości, źródła jej miłości i woli." W pewnym sensie, to jest prawdziwy początek Drogi – prawdziwego duchowego życia, które jest niczym innym jak samooddaniem, opuszczeniem siebie, podpisaniem się pod wszystkim, co się przydarza, umieraniem jako osobne iluzoryczne ego (jestem kimś) i odradzaniem się jako prawdziwe pozbawione ego Ego (JESTEM). Można powiedzieć, że cały ten duchowy „postęp" aż do tego miejsca był jedynie przygotowaniem do tego kluczowego i bez porównania najcięższego etapu Drogi, prowadzącego w końcu do Przełomu.

(8) Przełom
To oznacza głęboką deklarację celu. *To realizacja na poziomie trzewi (jak można powiedzieć) na którym najgłębszym pragnieniem*

---

zwrócili się do wewnątrz, ku ich własnej Samowystarczalności, zawsze dysponuje sposobami na to, aby im w tym pomóc – w rezultacie czego ich miłość i wdzięczność może tylko się pogłębić

O Nieposiadaniu Głowy

jest to, żeby wszystko było takim jakie jest – wszystko widziane jako wypływające z prawdziwej Natury, Świadomej Przestrzeni tutaj.

Jak właściwie dokonuje się tego przełomu? Co można uczynić, żeby go przybliżyć? Poniekąd nic. Nie jest to kwestia robienia, ale raczej nie robienia, poddania, porzucenia fałszywego przekonania, że jest tu ktoś do porzucenia. Cóż jeszcze jest do zrobienia? Przecież wstępny wgląd, nie ważne na ile „krótki", czy „płytki", był całkowitym samooddaniem, wszystko stąd odeszło, czy raczej stało się jasne, że nie ma tu nic, co mogłoby odejść. *Był to podstawowy milowy krok od fikcji, że ego zajmuje tu tą centralną pozycję, do faktu, że nic jej nie zajmuje.* I na pewno to pełne wiary odkrycie, codzienne widzenie osiągnięte wtedy – widzenie, że się jest Niczym i Wszystkim – jest najważniejszym przygotowaniem na odkrycie, że na głębszym poziomie *pragnie* się Niczego i Wszystkiego. Wtedy życie, jeśli tylko nauczymy się jego nieomylnie mądrej i bolesnej lekcji, zawsze pokazuje, że osiągnięcie naszych ograniczonych i osobistych celów dostarcza jedynie chwilowej satysfakcji. Dlaczego zatem, po tym rozczarowaniu i nudzie, jeśli nie rozgoryczeniu, zważywszy, że kiedykolwiek dana jest nam łaska powiedzenia TAK! okolicznościom i aktywnego pragnienia (raczej niż biernej zgody) cokolwiek się zdarza, rozkwita prawdziwa i trwała radość, którą we wschodniej tradycji zwie się *ananda*.

Czy ten przełom jest zatem krokiem poza Oczywiste do tego, co nieoczywiste, ponad to, co Zwykłe do tego, co niezwykłe, poza to, co odwieczne i oczywiste ku ezoterycznym, mistycznym, ukrytym sprawom duchowym? Czy porzuciliśmy kompas – mianowicie,

4 Aktualne Znaczenie Tej Całej Historii

dziecięcą ufność w to, co Dane, która przywiodła nas tak daleko w naszej długiej podróży? Wprost przeciwnie. Ta strona bariery leży w samej ojczyźnie Zwykłego, w królestwie Oczywistego, Tego, Co Jest, Jakie Jest. Po drugiej stronie, przed tym przełomem jakże przemożnie nasze pożądania zaciemniały, zniekształcały i ukrywały to, co było do zobaczenia a naszym przywiązaniom – naszej miłości i naszej nienawiści wolno było najeżdżać i pokrywać mgłą tą naszą centralną Przejrzystość i czynić nas ślepymi na to, co rzeczywiste! Jakże często widzieliśmy tylko to, co chcieliśmy widzieć a nasze intencje pustoszyły naszą uwagę. (Dwa przykłady życzeniowej halucynacji. Tak desperacko chciałem dopasować się do tych kompletnych istot ludzkich wokół mnie, że przez dziesięciolecia też „widziałem" jakąś głowę na tym tułowiu. Z tych samych powodów siedemnastowieczni badacze mikroskopowego świata „widzieli" i rysowali ludzką spermę jako niewielkie podłużne istoty ludzkie!) *Po tamtej stronie bariery nasz upór podgryza Oczywiste, po tej stronie Oczywiste podgryza upór.* Ta bariera nie jest niczym innym niż kulminacyjnym wysiłkiem obronnym naszej przemyślności czy ego, jego najgroźniejszym, ale desperackim oporem przeciwko ciągłemu atakowi niezaprzeczalnych faktów i tym, co zwycięża jest coraz bardziej tenże sam realizm, ta sam dziękczynna cześć dla Tego, Co Jest Jakie Jest, dla Tego, Co Bezpośrednio Dane, Krzykliwie Oczywistego, tego, co wiodło nas całą drogę do tej bariery. W terminach naszej zachodniej tradycji nasz przełom jest naszym bezwarunkowym i wciąż odnawianym poddaniem się woli Bożej doskonale przejawiającej się w sytuacji, w której jesteśmy, woli Bożej ukazanej w pełni wokół nas i w nas, przyjmującej kształt wszystkiego tego, co właśnie teraz się zdarza.

Tak dalece, jak jego wola staje się naszą, widzimy świat takim, jakim jest i tak dalece jak, widzimy go takim, jakim jest nasz wola staje się jego wolą i z otwartym sercem przyjmujemy wszystko to, co świat nam przynosi. Tu, w skrócie, nasze widzenie i nasze pragnienie stają się jednym nie raz na zawsze, ale chwila za chwilą tak długo, jak trwa życie.

Aby rzucić więcej światła na to zejście się razem tego, co widzimy z tym, czego pragniemy wróćmy do naszego wcześniejszego cytatu z jednego z kazań Buddy: „Nirwana jest widziana w tym życiu, zapraszająca, pociągająca, dostępna dla mądrego ucznia." Czym dokładnie jest ta tak jasno widoczna Nirwana? W tym samym kazaniu jest opisana jako: „Pokój, Najwyższy ... kres pragnień, odwrócenie się od pożądań" Tu w końcu naprawiony jest ten cały rozłam, nie ma już żadnej szramy dzielącej to Nic, które widzimy tak jasno od tego Nic, które jest teraz głęboko odczuwane jako bezwarunkowe poddanie się woli lub, żeby powtórzyć wyrażenie Buddy, kres pragnień.

Jeśli w ogóle wolno nam rozmawiać o wzniosłych doświadczeniach, to to(jak zapewnia nas Budda) jest z nich najwznioślejsze i nie oddzielone od najniższego z doświadczeń. Głębia jest wysokością, czytane od tyłu nieskończone poniżenie jest nieskończonym wyniesieniem, całkowita utrata siebie jest całkowitym samospełnieniem. Oto jak w końcu odnaleźć drogę zarzucając wszelkie roszczenia i bycie sobą. Tak oto wielki chrześcijański autorytet, Jean Pierre de Caussade, pisze na temat

4 Aktualne Znaczenie Tej Całej Historii

oddania: „Jeśli porzucisz wszelkie hamulce, doprowadzisz swoje pragnienia od ich najdalszych granic, otworzysz bezgranicznie swoje serce, nie ma chwili, w której nie znajdziesz wszystkiego czegokolwiek pragniesz. Obecny moment zawiera w sobie nieskończone bogactwa przekraczające najśmielsze marzenia."

Dla równowagi i zupełnego kontrastu w stylu, identyczności w duchu – historia zen. Pewien mistrz miał zdolnego ucznia, którego zdecydował wysłać do wielkiego nauczyciela, który mógłby dodać ostatecznych szlifów jego treningowi i wskazać drogę do najważniejszego doświadczenia zen.

Ku zdumieniu ucznia, ten najlepszy z nauczycieli okazał się być biedną schorowaną starą kobietą, od której nie mógł wyciągnąć żadnej nauki. Jednakże w końcu wyjaśniła wszystko. Było to: „Nie mam żadnych pretensji!"

To mistrzostwo trzeźwości – podobnie jak entuzjastyczny wywód de Caussade'a – mówi o błogosławieństwie, pełnia radości, która cały czas po prostu była zawarta w naszym widzeniu (z mądrą i błogosławioną naiwnością), że tu nie mamy żadnej głowy, w ogóle żadnej rzeczy. Cóż za długą drogę pokonaliśmy, aby znaleźć skarb skarbów, który był z nami cały czas.

Podsumowanie i końcowe wnioski

Ta Droga ustawia bezgłowość – alias wgląd w Nie-rzeczowość na samym początku duchowego życia. Od początku jest to prawdziwe widzenie, widzenie wieczności i w miarę jak się poruszamy, nie jest ono niczym zastępowane, poprawiane, czy zmieniane. To poszukująca łagodne Światło, które oświetla wszystkie etapy Drogi. To spełniający życzenia Klejnot, Dar – początkowo lekceważony i traktowany z obawą, a który jak się w końcu okazuje daje nam z miłością wszystko, czego pragniemy. Albo innym razem jest to Skała, Fundament, na którym opiera się wielopiętrowy gmach religii, gmach w ciągłej budowie i zawsze zaczynający się niebezpiecznie przechylać, na którym opierają się wszystkie serca, czy wszystkie głowy, tak ascetyczne, jak i zmysłowe, oderwane od świata, czy mocno w nim zanurzone, itd. i póki nie staniemy na tej Skale, jesteśmy w jakiś sposób pozbawieni równowagi, chwiejemy się, oscylujemy pomiędzy ekstremami. A jeszcze (nie sposób wyczerpać wszystkich metafor) jest to sam Chleb Życia, który, choć bez smaku, jest *prawdziwym* pożywieniem, a co więcej stanowi podstawę dla prawdziwych przysmaków – duchowych i mistycznych rozkoszy, które czasami są na nim rozsmarowane. Choć często brakuje w spiżarni tych bardziej apetycznych dodatków do naszej diety, szczęśliwie nigdy nie wyczerpuje się w niej ta wewnętrzna treść.

To powiedziawszy musimy pospieszyć z powtórzeniem tego, że to początkowe doświadczenie bezgłowości, jeśli nie podąży za nim pielęgnująca je praktyka i głębokie zrozumienie (a ponad wszystko) poświecenie indywidualnej osobistej woli, jest bezcelowe. Cokolwiek możemy powiedzieć o tym krótkotrwałym odkryciu (choć może być niewłaściwie użyte), to nigdy nie wyrządziło nikomu żadnej szkody i istotnie otwiera okno do rzutu okiem na Wieczność, i (po takim poluzowani zawiasów) okno to może w każdej chwili szeroko się otworzyć poruszone boskim wiatrem i w końcu pozostać szeroko otwarte. Można z ufnością pozwolić ujawnić się Temu, czym jesteśmy, z jego świeżością, ciepłem i jasnością pełnego dnia, jego oślepiającą oczywistością, dokładnie wtedy, kiedy tak powinno się stać.

Aby uzyskać więcej informacji na temat Bezgłowej Ścieżki skontaktuj się z:

The Shollond Trust, 87B Cazenove Road, London N16 6BB, England.

E-mail: headexchange@gn.apc.org

Website: www.headless.org

Słowo końcowe

Załóżmy, że dalej chciałbyś iść tą Drogą. W takim razie możesz sobie zadawać pytania w rodzaju: Dokąd stąd dojdę?, Do kogo mam się zwrócić po dalsze przewodnictwo i zachętę?, Do jakiej grupy wsparcia mógłbym dołączyć?

Jak na duchowy ruch, żywy i charakterystyczny jak większość innych, Bezgłowa Ścieżka ma znaczące braki w organizacji. Przypomina ona ludzi, którzy na nią wstąpili – też nie ma głowy – w tym sensie, że nie posiada władz zwierzchnich, rządzącej nią rady, ani centralnego zarządu, ani też personelu czuwającego nad należytym prowadzeniem kartoteki i płatnym członkostwem, który spotyka się regularnie i kieruje się pewnymi wskazówkami. Powód tego braku struktury nie leży w obojętności czy w wahaniu w szerzeniu doświadczenia, o którym mówi ta książka. Wprost przeciwnie. Wynika on z samej natury tego doświadczenia – jako całkowitego polegania na sobie. Albo bardziej szczegółowo, z poczwórnej realizacji tego, że sposobem na to, żeby żyć prawdziwie jest spojrzenie do wewnątrz i zobaczenie Kto to robi, że tylko ty jesteś w stanie zobaczyć tego „Kogoś", że ten wgląd ustanawia Ciebie autorytetem w sprawie tego, co liczy się najbardziej i że zgodnie z tym twoja ścieżka nie dostosuje się do jakiegoś z góry ustalonego, przez tę czy inną książkę, osobę, czy system, wzorca. Na przykład, chociaż żadnego z opisanych etapów nie można obejść, możesz równie dobrze negocjować inny porządek tych późniejszych i oczywiście sposób przejścia przez nie, który jest w najwyższym stopniu twój własny.

O Nieposiadaniu Głowy

Jeśli spojrzymy na to z zewnątrz, jak na grupę postaci na swój sposób bezgłowych, robiących swoje, ich rzucająca się w oczy anarchia jest jej wielką wadą (zważywszy, że organizacja jest niezbędna, żeby poderwać rzeczy z ziemi) i pewną zaletą (zważywszy, że organizacje rodzą problemy, które zaciemnieją – jeśli nie podkopują – właśnie te rzeczy, dla których postęp zostały stworzone). Jednakże, gdy spojrzymy od wewnątrz, ta światowa mądrość nie ma tu zastosowania: nasza uwaga zajęta jest nie rzeczami, ale Nie-rzeczą z której one pochodzą, Nieokreślonym, które sprowadza do absurdu wszystkie plany umieszczenia tego na mapie i stworzenie z tego czegoś. Po co tworzyć Grupę, czy Frakcję, która natychmiast dzieli ludzkość na nas oświeconych, pozostających wewnątrz niej, i na pogrążonych w ciemnościach, pozostających poza nią - Frakcję (jeśli pozwolicie!), której celem statutowym jest pokazanie, że nie ma takiego podziału, że faktycznie oni są nami i że my wszyscy jesteśmy już doskonale oświeceni? Prawdą jest, że Bezgłowa Ścieżka nie jest wcale drogą, środkiem którym można dotrzeć dokądkolwiek. Wszystko czego czyjeś serce mogłoby pragnąć jest hojnie dane na samym początku. To czyni ją uderzająco odmienną od tych szkół i kursów, przez które przechodzi się w kolejnych krokach, w których prawdziwe dobra mają nadejść pewnego dnia, a tymczasem musi istnieć ta Instytucja ustanawiająca zasady i zajmująca się całym biznesem. Kto, tak czy inaczej, wstąpiłby do struktury i płacił duże pieniądze, żeby zostać obdarowany – po odpowiednim treningu – tym, co jak widzi już w pełni posiada

Słowo końcowe

Nasz nadrzędny cel zatem - którym jest wgląd w Nicość i życie z niej wypływające – z konieczności opiera się wszelkiej organizacji. Dla realizacji innych celów pozostajemy swobodni w przystępowaniu do organizacji jakiej się nam podoba. To oznacza, że nie mając własnego „kościoła" nie stanowimy w najmniejszym stopniu wyzwania dla innych, a mam nadzieję że pozostajemy bardziej zdolni do tego aby uczyć się od nich i wnosić w nie swój wkład. I faktycznie pewna liczba naszych „bezgłowych" przyjaciół uważa za pomocne należenie do jakiejś religijnej czy quasi-religijnej społeczności. Ale bezgłowy pozostaje Jedynym i widzi siebie jako Jednym Bez Drugiego i staje twarzą w twarz ze swoją Samotnością. Na tym poziomie nie ma innych.

Niemniej jednak – schodząc do poziomu, gdzie żyją inni – trudności w utrzymaniu tego widzenia samemu, samotne przez nie przechodzenie, nie można chyba wyolbrzymić. Dla większości z nas złapanych na haczyk tego najśmielszego i najbardziej wymagającego przedsięwzięcia, towarzystwo kolegów – poszukiwaczy przygód jest nieocenione. Przeto byłoby nierealistycznym – gorzej: znakiem nieodpowiedzialności i obojętności – gdybyśmy zachęcali ludzi do przyjęcia przesłania tej książki, jednocześnie nie udzielając mu ciągłego wsparcia, na które pozwala natura tego przedsięwzięcia. I, faktycznie, mamy wiele do zaoferowania czytelnikom, którzy są zdecydowani podążać dalej:

Po pierwsze, i najważniejsze, są miłujący przyjaciele, sieć – luźna, porozrzucana, całkowicie nieformalna – widzących, którzy używają wszelkich dostępnych środków kontaktowania się ze sobą. Po drugie, pewną pomoc w tym celu oferuje strona internetowa www.headless. org. Po trzecie, oprócz wielkiej i cennej (i wciąż coraz bardziej dostępnej) mistycznej literatury całego świata – mistycznej w tym sensie, że wskazuje na naszą prawdziwą Tożsamość – jest pewna liczba książek i innych pomocy stworzonych przez autora, szczegóły można znaleźć na początku tej książki. Szczegółowe informacje na temat przyszłych warsztatów przeprowadzanych przez autora i innych, stworzonych po to aby dzielić się bezgłowością, można otrzymać od Anne Seward, do której powinny też być kierowane propozycje i prośby o zorganizowanie warsztatów. Po czwarte, i ostatnie, jeśli wciąż trudno jest znaleźć bezgłowych przyjaciół, może nie będzie tak trudno ich takimi uczynić. Ten stan, pomimo całego oporu, jest zaraźliwy i unikalnie łatwy do przekazania. Tak czy inaczej, jednym z najlepszych sposobów, aby go utrzymać jest przekazać go dalej.

Ale w końcu wszystkie takie rozważania i pomysły są zupełnie marginalne. Ponieważ nie jako ludzie – jako wiele oddzielnych indywidualności pomagających sobie zobaczyć Kim naprawdę są – dochodzimy do tej wizji, ale (ująwszy to w wyrażenie z Upanishad) jako „ten Jeden Widz we wszystkich istotach". Samo-widzenie jest istotnie przywilejem i specjalnością tego Jednego i w efekcie wszystkie nasze wysiłki – zorganizowane czy chaotyczne – aby pomóc w rozwoju tego widzenia, są całkiem zabawne. Zadajmy zatem nasze początkowe pytanie: dokąd teraz zmierzamy? Odpowiedź brzmi: do nikąd. Śmiało pozostańmy dokładnie tutaj, widząc i będąc Tym, co jest samą Oczywistością ze wszystkimi jej konsekwencjami. Będą one w porządku.

www.ingramcontent.com/pod-product-compliance
Lightning Source LLC
Chambersburg PA
CBHW061451040426
42450CB00007B/1314